Wie wunderbar ist diese Nacht

Wie wunderbar ist diese Nacht

Wünsche für die Weihnachtszeit

FREIBURG · BASEL · WIEN

Herausgegeben von German Neundorfer

Mit Beiträgen von:

Dietrich Bonhoeffer

Phil Bosmans

Clemens Brentano

Hanna Buiting

Anselm Grün

Tomáš Halík

Friedrich Hebbel

August Heinrich Hoffmann
    von Fallersleben

Eugenius Lersch

Susanne Niemeyer

Wolfgang Öxler

Rainer Maria Rilke

Joachim Ringelnatz

Christine Schniedermann

Andrea Schwarz

Pierre Stutz

Beatrice von Weizsäcker

Notker Wolf

Teresa Zukic

Vorwort

Ist es schon wieder soweit? Es ist doch gar nicht so lange her, dass wir nach Geschenken Ausschau hielten, die Plätzchen backten, den Baum schmückten und eine Kerze nach der anderen auf dem Adventskranz zu leuchten begann. War das nicht erst vor wenigen Wochen? Und nun soll schon wieder alles von vorn beginnen?

Vielleicht sind Ihnen solche Gedanken in der Advents- und Vorweihnachtszeit nicht fremd. Und vielleicht fragen Sie sich manchmal auch, ob das denn alles wirklich sein muss, all die Arbeit und all der Stress. Und warum ausgerechnet dieses turbulente Weihnachten als Fest des Friedens und der Stille gilt.

Aber was wäre, wenn Weihnachten plötzlich ausfiele? Wenn es keinen Adventskranz, keinen Baum, keine Krippe und kein Kerzenlicht gäbe? Was wäre, wenn das Jahr ganz einfach weiterliefe und sang-

und klanglos ins nächste überginge? Hand aufs Herz, uns allen würde etwas fehlen.

Und damit meine ich nicht nur das festliche Essen im Kreis der Familie oder die Geschenke unterm Baum. Ich glaube, dass wir vor allem den geheimen Zauber, den Glanz, den dieses Fest immer wieder, Jahr für Jahr in uns erweckt, vermissen würden. Weihnachten ist ein Fest der Gegensätze. Inmitten des größten Trubels erlaubt es uns, innezuhalten und zur Ruhe zu finden. Weihnachten ist ein Fest des Lichts inmitten der Dunkelheit. Weihnachten ist ein Fest, das uns in der kalten Jahreszeit Wärme und Geborgenheit verspricht. Lassen Sie uns die Wunder dieser Nacht genießen. Dazu möchten Sie, liebe Leserin, lieber Leser, die Texte in diesem Buch herzlich einladen.

German Neundorfer

Inhalt

Die weißen Wege
werden leiser

Von der Kunst des Wartens

Die hohen Tannen atmen heiser
Rainer Maria Rilke

Die hohen Tannen atmen heiser
im Winterschnee, und bauschiger
schmiegt sich sein Glanz um alle Reiser.
Die weißen Wege werden leiser,
die trauten Stuben lauschiger.

Da singt die Uhr, die Kinder zittern:
Im grünen Ofen kracht ein Scheit
und stürzt in lichten Lohgewittern, –
und draußen wächst im Flockenflittern
der weiße Tag zur Ewigkeit.

Was das Herz höherschlagen lässt
Anselm Grün

Wer wartet, schlägt nicht die Zeit vor Langeweile tot. Er ist gespannt, er hofft, er ist auf ein Ziel hin ausgerichtet. Ziel des vorweihnachtlichen Wartens ist ein Fest, das Fest unserer Menschwerdung, der Selbstwerdung, unseres Einswerdens mit Gott. Aber nicht nur wir warten, Gott wartet auch auf uns. Er wartet, bis wir uns für das Leben und für die Liebe öffnen. »Warten« meint eigentlich: auf der »Warte« wohnen. »Warte« ist der Ort der Ausschau, der Wachtturm. Warten heißt also: Ausschau halten, ob jemand kommt. Umherschauen, was alles auf uns zukommt.

Warten kann aber auch heißen: auf etwas achthaben, etwas pflegen, so wie der »Wärter« auf einen Menschen aufpasst und auf ihn achtgibt. Warten bewirkt beides in uns: die Weite des Blickes und die Achtsamkeit auf den Augenblick, auf das, was wir gerade erleben, auf die Menschen, mit denen wir gerade sprechen. Warten berührt unser Herz. Es macht das Herz weit. Unsere Sehnsucht sagt uns: Wir sind uns selbst nicht genug. Wir strecken uns aus nach dem, der unser Herz höherschlagen lässt.

Schon und noch nicht
Tomáš Halík

Der Advent zeigt etwas Wesentliches vom Charakter unseres Glaubens – *eine Spannung zwischen dem »Schon« und dem »Noch nicht«.*

Die Kirche, die Gemeinschaft der Gläubigen, ist schon in der Geschichte und trägt den Schatz des Evangeliums, der Sakramente und der Zeugnisse der Heiligen in sich. Dadurch ist sie »heilig« – aber wir wissen gleichzeitig, und leider besonders schmerzlich in unserer Zeit, dass ihr zur Fülle der Heiligkeit sehr viel fehlt, dass sie auch Sünden mit sich schleppt; dass sie erst auf dem Weg ist, dass sie eine Gemeinschaft von Pilgern darstellt. Es fehlt viel dazu, dass die Kirche vollständig das ist, wozu sie berufen und geweiht ist, um wirklich die eine, heilige, allumfassende und apostolische Kirche zu sein.

In der Fülle wird sie demzufolge erst am Ende der Geschichte sein, im Schoß Gottes. Wir inmitten der Geschichte erleben mit Schmerz jene Spannung zwischen dem »Schon« (dessen wir uns manchmal bewusst werden, wenn wir in der Kirche wirklichen, wenn auch unauffälligen Heiligen, wirklichen Christen begegnen) und dem fernen Ziel, jenem »Noch nicht«.

Einen ähnlichen Charakter haben die Sakramente – in ihnen tritt Christus schon jetzt real in unser Leben. Wir dürfen jedoch nicht vergessen, dass die Sakramente nur ein Zeichen sind, »ein Aperitif zum verheißenen Gastmahl im Reich Gottes«. Beim Gottesdienst, bei der Eucharistiefeier sagen wir: »bis Du kommst in Herrlichkeit«. Zum Feiern der Sakramente gehört auch diese adventliche Offenheit gegenüber jener letzten Erfüllung, die wir erst noch erwarten.

Wenn wir alle diese heiligen Dinge, die jedoch den Charakter von Zeichen, von Symbolen haben, diese wichtigen »vorletzten Dinge« bereits für die letzten Dinge halten würden, wenn wir ein Symbol mit dem verwechseln würden, was es symbolisiert, würden wir der Häresie des Fundamentalismus verfallen und Götzendienst begehen.

Unser Glaube muss hier auf Erden in jener Spannung zwischen dem »Schon« und dem »Noch nicht« verharren. Der Glaube ist ein wunderbares Geschenk Gottes. Er kann uns aber noch nicht die vollständige Gewissheit der Evidenz, der Klarheit bieten, welche jedes Fragen, jedes Suchen, jeden kritischen Zweifel beseitigt. Hier auf Erden sehen wir, wie der Apostel Paulus lehrt, die göttlichen Dinge nur wie im Spiegel, im Rätsel und in einer Andeutung – die vollständige Gewissheit werden wir erst dann haben, wenn wir hinter dem Horizont der Zeit Gott von Angesicht zu Angesicht sehen werden.

Mit Ernst, o Menschenkinder

Mit Ernst, o Menschenkinder, das Herz in euch bestellt,
bald wird das Heil der Sünder, der wunderstarke Held,
den Gott aus Gnad allein der Welt zum Licht und Leben
versprochen hat zu geben, bei allen kehren ein.

Bereitet doch fein tüchtig den Weg dem großen Gast;
macht seine Steige richtig, lasst alles, was er hasst;
macht alle Bahnen recht, die Tal lasst sein erhöhet,
macht niedrig, was hoch stehet, was krumm ist, gleich
und schlicht.

Ein Herz, das Demut liebet, bei Gott am höchsten steht;
ein Herz, das Hochmut übet, mit Angst zugrunde geht;
ein Herz, das richtig ist und folget Gottes Leiten,
das kann sich recht bereiten, zu dem kommt Jesus
Christ.

Ach mache du mich Armen zu dieser heilgen Zeit
aus Güte und Erbarmen, Herr Jesu, selbst bereit.
Zieh in mein Herz hinein vom Stall und von der Krippen,
so werden Herz und Lippen dir allzeit dankbar sein.

Sehnsucht nach dem Erlöser
Eugenius Lersch

Advent im Kloster — wenn ich daran denke, dann fallen mir gar nicht so sehr kühle Temperaturen, Räuchermännchen, Kekse oder besinnliche Musik ein. Und auch nicht der schlichte Adventskranz, der vor dem Altar in der Bernardikapelle steht. Denn im Kloster erfährt man den Advent in erster Linie liturgisch. Und liturgisch ist der Advent — das mag manche überraschen — eine nüchterne, fast schon strenge, nachdenkliche Zeit. Besinnlich zwar, aber ernst. »Mit Ernst, o Menschenkinder, das Herz in euch bestellt«, so beginnt ein Adventslied.

Was ist anders als sonst? Sehr viel! Die erste Vesper zum ersten Adventssonntag ist immer ein Einschnitt. Ein neues Kirchenjahr beginnt, und das bedeutet: Ein neuer Lesezyklus bricht an. Wir nehmen nicht mehr die grünen Antiphonale für die Horen, sondern die weißen für den Weihnachtsfestkreis.

Es gibt eigene Hymnen, eigene Antiphonen und eine eigene Zeiteinteilung für den ersten und den zweiten Teil des Advents. Die Horen sind mit eigenen adventlichen Texten einzeln durchgestaltet. Johannes der Täufer und Maria stehen uns dauernd vor Augen. Die biblischen Texte ändern sich, wir hören sehr viel aus dem Propheten Jesaja, vieles doppelt – sowohl in der Vigillesung als auch in der heiligen Messe. Wir knien häufiger zu den Horen. Die marianische Antiphon zur Vesper ändert sich. Die priesterlichen Gewänder sind violett und einfacher – nur am dritten Adventssonntag strahlt ein freudiges Rosa auf. Und auch der Altarraum ist einfacher gestaltet. Die Orgel schweigt. Es gibt kein Gloria. Ein Höhepunkt der Adventszeit sind die sieben Herolde von Weihnachten, die sogenannten O-Antiphonen, die vom 17. bis zum 23. Dezember zur Vesper vor dem Magnificat gesungen werden.

Dann gibt es noch die schönen Rorate-Messen, marianisch geprägt, die in völliger Dunkelheit zelebriert werden, nur mit Kerzen erleuchtet. Sie erinnern an die Menschwerdung des Wortes im Schoß der Jungfrau.

Auch wenn im Kloster das stimmungsvolle Element nicht fehlt – man denke nur an den Adventmarkt –, spricht die Liturgie für sich. Sie vermittelt eine ganz eigene Stimmung, sie atmet Erwartung, Sehnsucht nach dem Erlöser. Deshalb ist der Advent eine meiner Lieblingszeiten.

Friede auf Erden
Christine Schniedermann

Konflikte an Weihnachten treten auch deshalb häufig auf, weil jeder mit anderen Erwartungen in die Feierlichkeiten geht und weil einige Konflikte im Jahresverlauf nicht geklärt wurden und an Weihnachten hervorbrechen, wenn die Menschen so viel Zeit miteinander verbringen.

Es könnte hilfreich sein, sich vor Weihnachten klarzuwerden, wie man selbst am liebsten feiern würde, und es dann mit Familie oder Freunden frühzeitig und möglichst ehrlich zu besprechen, denke ich. Eine Familie mit kleinen Kindern, die eine anstrengende Phase durchmacht, würde am liebsten nur mit ihrer sogenannten Kernfamilie feiern. Großeltern, Tanten, Onkel wünschen sich aber oft, auch die Enkel und Nichten zu sehen – am liebsten gleich zwei oder drei Tage. Da könnte ein Kompromiss sein, dass sich alle einfach nur für ein paar Stunden zum Kaffee treffen. Großeltern sehen Enkel, Eltern sind mit ihren Rackern aber auch wieder unter sich. Wer ein Vieraugengespräch intensiver findet, streckt die zahlreichen Verwandtschaftstreffen vielleicht über die Adventszeit, Weihnachten, bis Neujahr. Das entzerrt den Weihnachtsstress. Wer am liebsten große Partys feiert, lädt aus der Familie die ein, die auch gern in großen Runden feiern, und vielleicht ein paar Freunde dazu. Statt Braten gibt es vielleicht Pasta, statt selbst gebackener Plätzchen und Torten vielleicht gekaufte. Belanglose Stiche-leien kann der eine oder andere vielleicht an Weih-nachten runterschlucken und sich zurücknehmen; größere Probleme könnten zu anderen Zeiten dis-kutiert werden.

Das alles soll nicht wie eine Anleitung zum »glücklichen Weihnachtsfest« klingen (auch wenn es sich möglicherweise so anhört), sondern nur als Denkanstoß dienen. Und bei wem die Weihnachts-feiertage schon immer perfekt abliefen, der braucht ja auch nichts zu ändern oder zu überdenken. Man-che Australier feiern Weihnachten übrigens mit einem Barbecue am Strand: Jeder bringt etwas mit, alle kommen und gehen, wie es passt.

Freunde von uns haben auch vor Jahren »ihr« Weihnachten entzerrt, um es entspannter zu haben. So feiern sie Heiligabend und den ersten Weihnachtstag nur in ihrer Kleinfamilie. Allen, aber vor allem den Kindern, gefällt es, nach dem aufregenden Heiligabend auszuschlafen, im Schlafanzug herumzutrödeln, mit den neuen Geschenken zu spielen. »Diesen Spiele-Feiertag genießen wir alle sehr«, sagte meine Freundin. Und wenn sie es zur Christmette nicht mehr geschafft hatte, dann ging sie am ersten Weihnachtstag zur Kirche. Die einen Großeltern besucht die Familie dann am zweiten Weihnachtstag und die anderen Großeltern später (zwischen den Tagen, zu Silvester oder am Wochenende um Dreikönig). Im Folgejahr werden dann die Großelternbesuche getauscht. Alle sind in der Familie damit einverstanden.

Kompromisse werden viele an Weihnachten eingehen, denn die Mitglieder einer Familie sind charakterlich unterschiedlich. Aber mit Verständnis und Rücksichtnahme, mit kleinen Tricks, die Vorbereitungen zu vereinfachen, können Weihnachtsfeiertage sehr harmonisch werden.

Weihnachten, das Fest der Liebe, das Fest der Geburt Jesu, unseres Liebesbotschafters, kann Kraft und Energie, Trost und Hoffnung, Freude und Mut schenken.

Und schließlich verkünden auch die Engel in der Weihnachtsgeschichte »Friede auf Erden« und weisen damit auf einen uralten Text aus der Bibel hin:

Der Friedefürst

Das Volk, das im Finstern wandelt, schaut ein großes Licht; über denen, die im Land der Dunkelheit wohnen, erstrahlt ein Licht. Du machst groß ihren Jubel und gewaltig ihre Freude. Sie freuen sich vor dir, wie man sich in der Ernte freut, wie man frohlockt beim Teilen der Beute. Denn sein drückendes Joch, die Stange auf seinem Nacken, den Stock seines Be-

*drückers zerbrichst du wie am Tag von Midian.
Denn jeder Soldatenstiefel, der dröhnend auf-
tritt, und jeder Mantel, in Blut gewälzt, wird
verbrannt und ein Opfer des Feuers. Denn ein
Kind ist uns geboren, ein Sohn ist uns geschenkt;
die Herrschaft ruht auf seinen Schultern. Man
ruft seinen Namen aus: Wunderbarer Ratgeber,
Starker Gott, Ewiger Vater, Friedensfürst. Groß
ist die Herrschaft und endlos der Friede für Da-
vids Thron und sein Königreich, das er aufrichtet
und festigt in Recht und Gerechtigkeit von nun
an bis in Ewigkeit. Der leidenschaftliche Eifer
des Herrn der Heerscharen wird dies bewirken.*

(Jesaja 9,1–6)

Das ist die Ankündigung, die auf Jesu Geburt hin-
weist. Gott wird Mensch. Das Licht geht auf. Schon
immer hatten die Menschen zu leiden. Krieg, Zer-
störung, Mord, Hunger, Krankheiten, Missgunst,
Neid, Ungerechtigkeit ... Die Bibel, die Geschichte
und die Gegenwart sind voll von diesen Zuständen

und Ereignissen. Doch Jesus ist das Licht der Welt. Er zeigt uns den hoffnungsvollen Weg, er erinnert uns an die Liebe, an Gerechtigkeit. Er macht die Herzen warm.

»Das Volk, das in der Finsternis wandelt, (...) über ihnen strahlt ein Licht auf.« – Ein alter Satz. Ein Satz, der mich immer wieder bewegt. Er sagt, es gibt Hoffnung, es gibt einen Weg. Finsternis kann vieles bedeuten. Globale Sorgen wie Kriege, Klimawandel, Hungersnöte, Atomwaffen, Terror. Die Finsternis kann persönlich sein. Krankheit, Depression, Tod.

Jesus will das Licht gegen diese bedrückende, furchtbare Finsternis sein. Er ist die Hoffnung, die Liebe und der Friede. Er kommt zu uns als armes Baby. Dieses mächtige Licht.

... strahlt ein Licht auf.

Weihnachten ist die beste Botschaft, die ich kenne. Es lohnt sich, dieses Licht weiterzutragen.

Spur der Sehnsucht
Wolfgang Öxler

Antoine de Saint-Exupéry schreibt: »Wenn du ein Schiff bauen willst, fange nicht an, Holz zu sammeln, Planken zu sägen und die Arbeit zu verteilen, sondern erwecke in den Menschen die Sehnsucht nach dem großen, weiten Meer.«

Sehnsucht ergreift uns, bringt uns in Bewegung, ist wie ein Motor. Sehnsucht gehört zum Leben! Mit ihr beginnt alles. Sie ist für mich wie die Triebfeder meiner inneren Lebendigkeit. Inmitten meines Alltags eröffnet sie eine Welt neuer Möglichkeiten und weitet meinen Blick zu neuen Horizonten. So geht es immer wieder darum, der eigenen Sehnsucht, als Quelle der Kraft, auf die Spur zu kommen. Aus dieser Sehnsucht kann eine Vision werden, deren Spuren sich durch unser Leben ziehen. Und es gilt: Wer sich wirklich auf den Weg macht, dem kommt das Gesuchte entgegen.

Oftmals wird mit der Sehnsucht auch ein Geschäft betrieben. Bestimmte Produkte versprechen dem Käufer sofortige Wunscherfüllung. So soll Sehnsucht im Schnellverfahren gestillt werden. Doch der provozierte Konsum ist bewusst auf ein oberflächliches und kurzfristiges Glück angelegt. Werbeexperten nutzen unser Verlangen danach, glücklich zu sein, um den Umsatz zu steigern. Wenn du diese oder jene Turnschuhe trägst, gehörst du dazu. Aber weder die Turnschuhe noch das neue Smartphone oder das neue Auto können uns wirklich glücklich machen. Auch wenn die anfängliche Freude darüber groß sein mag.

Fruchtbar wird meine Sehnsucht dann, wenn sie mir hilft, die erahnten Möglichkeiten in meinem Leben zu verwirklichen. Wenn ich nicht nur sehne, sondern auch handle und konkrete Schritte gehe. Vielleicht ist diese Sehnsucht, diese gute Unruhe des Herzens, manchmal verschüttet unter den vielerlei Ablenkungen des Alltags. Wie leicht übersehen wir doch die kleinen Rationen des Glücks.

Sehnsucht hat mit unserer Seele, mit unserem innersten Fühlen, Denken und Hoffen zu tun. Die Seele findet ihre Nahrung in der Liebe, in der Einheit mit den Menschen und der Natur, und letztendlich in der Einheit mit Gott. Wenn wir uns fragen: »Was sind meine Sehnsüchte?«, dann werden wir sicher sehr Unterschiedliches benennen, je nach unserer Gemütslage und den äußeren Umständen, in denen wir leben. Aber kennen wir auch eine besonders tiefe Sehnsucht, die über das Vorläufige und Vergängliche, die über unser Erdendasein hinausgeht? Eine tiefe Sehnsucht nach der einen, alles umfassenden Wirklichkeit, die wir Gott oder das Göttliche nennen?

Ein alter Mitbruder sagt mir bei jeder Begegnung: »Ich habe Sehnsucht nach dem Himmel.« Gott selbst hat den Menschen dieses Verlangen mitgegeben. Er selbst sehnt sich nach uns. Als Ebenbild Gottes geschaffen, sind wir dazu bestimmt, Gott kennenzulernen. Die Bibel berichtet davon, dass Gott die Ewigkeit in unsere Herzen gelegt hat *(vgl.*

Prediger 3,11). Es ist das Gefühl, dass es mehr geben muss als das Leben, das wir jetzt haben. Mehr als das, was wir gerade vor Augen haben.

Nächtliche Stille,
heilige Fülle

Vom Glück des Horchens

Die Weihe der Nacht
Friedrich Hebbel

Nächtliche Stille!
Heilige Fülle,
Wie von göttlichem Segen schwer,
Säuselt aus ewiger Ferne daher.

Was da lebte,
Was auf engem Kreise
Auf in's Weit'ste strebte,
Sanft und leise
Sank es in sich selbst zurück

Und quillt auf in unbewusstem Glück.

Keine Angst vor der Stille
Anselm Grün

In der Stille verstummen die inneren Gespräche. Da muss ich nichts leisten. Da darf ich einfach sein, wie ich bin. Ich muss niemandem antworten, mich auf keinen einlassen. Ich bin einfach, ohne Erwartung, ohne Druck, ohne Anforderung von außen. Die Stille ist für mich reines Sein.

Sie heißt: Ich muss mich nicht beweisen. Ich muss nicht etwas Interessantes beitragen. Ich darf einfach nur da sein. Ich genieße schweigend die Mahlzeit, kaue langsamer, schmecke intensiver. Und ich nehme mich selbst und die andern ganz anders wahr.

Stille ist in der geistlichen Tradition etwas anderes als Schweigen. Schweigen ist mein eigenes Tun. Ich halte den Mund. Ich rede nicht. Ich versuche, auch meine Gedanken zum Schweigen zu bringen. Es ist eine Übung, die manchmal nicht so einfach ist. Denn wenn die Zunge stumm bleibt, ist es der

Kopf noch lange nicht. Im Kopf redet es oft unaufhörlich. Es bedarf der Übung, etwa der Meditation, mit jedem Ausatmen die Gedanken abfließen zu lassen, bis der Kopf langsam leer wird, bis ich in den Grund meiner Seele gelange, in den der Lärm der Gedanken keinen Zutritt hat.

Die Seele atmet auf
Wolfgang Öxler

Stille hat viel zu tun mit »stehen bleiben«. Es erfordert eine gehörige Portion Mut und Leidensbereitschaft, bei dem Chaos, das ab und an in uns auftauchen, uns aufwühlen mag, gelassen stehen zu bleiben. Der einfachere Weg wäre: zurück zur Bewegung – weiterzugehen. Weiter vor uns selbst davonzulaufen in den Lärm des Alltags. Doch wenn wir von Dauerlärm und Dauerüberreizung umgeben sind, dann belastet das unseren Körper und hinterlässt Spuren in unserer Seele. Stille dagegen hat eine reinigende Funktion. In der Stille kann die Seele aufatmen. Stille ist nicht nur eine akustische Entlastung, sondern auch eine Chance zur Neuorientierung, damit ich nicht nur funktioniere, sondern lebe. Stille ist Urlaub für Geist und Seele.

Innehalten
Pierre Stutz

»Das Unglück des Menschen beginnt damit, dass er unfähig ist, mit sich selber in einem Zimmer zu sein«, schreibt der französische Philosoph Blaise Pascal im 17. Jahrhundert. Und dieser Gedanke ist aktueller denn je!

Menschen, die nicht durch die Erwartungen und die Manipulation anderer gelebt werden wollen, nicht von außen, wie ich es in der Einleitung gesagt habe, Menschen, die aus sich heraus leben wollen, brauchen Räume der Stille.

Das griechische Wort Mystik hat seinen Ursprung im Verb *myein,* das heißt: die Augen schließen und nach innen schauen. Ein solches Zu-sich-selber-Kommen heißt nicht, sich vor den anderen zu verschließen und vor den brennenden Fragen unserer Zeit. Im Gegenteil: Sich zurückziehen ist notwendig, um aus diesem Abstand die tiefere Verbundenheit, die Nähe zu allem zu spüren. Wer sich selber verloren hat, wer die Beziehung zu sich selber nicht lebt, der kann nicht beziehungsfähiger werden. Damit wir uns im Engagement, im Mitfühlen und Dabei-Sein nicht verlieren, brauchen wir den Raum der Stille.

Mystikerinnen und Mystiker bestärken uns, den Zugang zum inneren, heiligen Raum in uns zu pflegen. Im Entdecken der Kraft des Schweigens erfahren wir zunächst oft Unruhe; all das Unerledigte, Unverarbeitete kommt uns entgegen. Es lohnt sich, diesen Durchgang von der Hektik zur Stille auszuhalten und hindurchzugehen, indem wir mitten im Alltag Momente des Innehaltens einschalten, in denen wir diesen inneren Raum erfahren. Dort darf ich einfach sein.

Von der Stille der Heiligen Nacht
Andrea Schwarz

Am Samstag vor dem ersten Advent leitete ich einen Besinnungstag für Religionslehrer in einem Städtchen im Badischen. Wir waren in einer kleinen Kirche mitten am Marktplatz — und um uns herum war der Weihnachtsmarkt in vollem Gange. Vom Karussell dudelte »Jingle Bells« herüber, man hörte fröhliches Stimmengewirr, drüben sang ein Kinderchor »Leise rieselt der Schnee«. In einer Pause stand ich zufällig mit dem Pfarrer zusammen, dessen Pfarrhaus am Rande des Marktplatzes steht. »Geht das die ganzen vier Wochen so?«, fragte ich mitfühlend. »Ja«, seufzte er, »mit der Stille ist es vorbei, wenn die Blasmusik ›Stille Nacht‹ spielt ...« Es war seltsam, aber dieser Satz ließ mich die folgenden Tage nicht mehr los: »Mit der Stille ist es vorbei, wenn die Blasmusik ›Stille Nacht‹ spielt.« Wie ist das denn tatsächlich mit der »Stille der Heiligen Nacht«?

Die Wochen vor dem Fest sind für die meisten wohl alles andere als still. Viele Erwartungen und Hoffnungen werden mit Weihnachten verbunden. Manchmal scheint es fast so, als ob das »schöne Fest« zum Jahresende all das wettmachen soll, was im Laufe des Jahres eben nicht »schön« war. Und dann soll Weihnachten das »perfekte Fest« werden – mit viel Freude und viel Fröhlichkeit! Stille Nacht? Das ist eigentlich eher nicht vorgesehen.

Nichts gegen ein schönes Fest, nichts gegen liebevoll ausgesuchte Geschenke, nichts gegen Freude und Fröhlichkeit! Ich genieße den Heiligabend auch mit Freunden, einem guten Essen. Aber dafür bräuchte es nicht unbedingt Weihnachten, das geht auch am Geburtstag oder bei der Feier einer Goldenen Hochzeit.

Ob Weihnachten und Stille vielleicht doch etwas miteinander zu tun haben, wenn es mehr als »nur« ein schönes Fest sein soll? »Stille Nacht, heilige Nacht ...«? Könnte das die Spur sein?

Immer dann und dort, wo etwas »Heiliges« ins Spiel kommt, wenn man sich vom Heiligen berühren lässt, da verstummt man, wird man leise. Das ist so, als ob die Seele auf einmal ins Lauschen kommt, ins Lauschen auf nie gehörte Worte, ungesungene Melodien, Klänge und Töne. Um das aber erlauschen zu können, muss es still sein, still um mich herum, aber auch still in mir. Es gibt solche Momente im Leben. Das kann der Augenblick sein, wenn eine Mutter ihr neugeborenes Kind im Arm hält oder Liebende sich einfach anschauen und verstehen. Das kann der Regenbogen sein, der am Himmel steht – oder ein Sonnenuntergang am Meer, Momente, in denen ich ganz still werde und mich vom Heiligen berühren lasse.

Ein »heiliger Abend« ohne solche »heiligen Momente« wäre nicht anders als jedes andere Fest.

Klar – ich kann solche heiligen Momente nicht »machen«, sie sind immer Geschenk. Aber ich kann wenigstens die Voraussetzungen dafür schaffen, indem ich bewusst in diesen Stunden der Freude und der Gemeinschaft auch einmal die Stille suche. Das kann der Moment beim Anzünden einer Kerze sein, der liebevolle Blick auf das schlafende Kind, der kurze Gang vor die Haustür und der Blick in den Sternenhimmel, auch das »Gänsehaut-Gefühl«, wenn der Kirchenchor das »Transeamus« anstimmt – Momente, in denen das Heilige mich vielleicht berühren kann.

Was aber ist mit denen, für die die Heilige Nacht bereits viel zu still ist? Mit denen, die einsam zu Hause sitzen, weil sie keinen Menschen haben? Mit denen, die sich an diesem Abend nicht freuen können, weil sie um einen Partner, ein Kind, einen Freund trauern? Mit denen, die den Heiligen Abend im Krankenhaus verbringen müssen, vielleicht voll Sorge in die Zukunft schauen? Diese Stille ist nicht immer leicht auszuhalten – und sie soll auch nicht billig weggetröstet werden. Aber vielleicht sind diese Menschen dem Geheimnis dieser Nacht näher als so mancher, der »nur« ein schönes Fest feiert: »Alles schläft, einsam wacht nur das traute hochheilige Paar ... Christ, der Retter ist da!« Jesus Christus kann nur dort »ankommen«, wo man ihn braucht, wo man seiner bedarf. Es waren die Hirten, die in der Stille der Nacht bei ihren Herden gewacht haben, die die Botschaft des Engels gehört haben. Die Bevölkerung von Betlehem hat das eigentliche Ereignis dieser Nacht verschlafen.

»Während tiefes Schweigen alles umfing und die Nacht in ihrem schnellen Lauf bis zur Mitte vorgerückt war, da sprang dein allmächtiges Wort vom Himmel her, vom königlichen Thron« (Buch der Weisheit 18,14–15a) – der Heiligabend braucht die Stille und das Wach-Sein, um für mich zur Heiligen Nacht werden zu können.

Ein Vorgeschmack
Tomáš Halík

Zur Adventstradition gehörte es, von Unterhaltung und Zerstreuung Abstand zu gewinnen. Das bedeutet aber überhaupt nicht, sich einer trübsinnigen Ernsthaftigkeit hinzugeben. Es bedeutet zu versuchen, in die Stille hinabzusteigen, wo die Quelle der wahren Freude sprudelt. Die Freude, welche der Mensch beim Feiern der Festtage und bei einem aufrichtigen Gebet in der Nähe Gottes erlebt, ist schon gewissermaßen ein Vorgeschmack, ein Aperitif des Gastmahls im Reich Gottes. Den Frieden und eine wahre Freude kann uns die Welt nicht geben und sie kann sie uns auch nicht nehmen. Sie kommen nicht von außen, sie kommen von Gott.

Ruhe der Seele
Anselm Grün

Wer will das nicht: zur Ruhe kommen? Das möchte jeder gestresste Zeitgenosse. Aber viele finden keine Ruhe. Sie können nicht ausruhen. Und wenn es ruhig wird um sie herum, werden sie geradezu nervös: Sie spüren, dass sie ihrer eigenen Wahrheit begegnen könnten. Das macht sie unruhig. Da laufen sie lieber vor sich selbst davon und stürzen sich in Hektik. Jesus sagt: »Die Wahrheit wird euch frei machen.« (Joh 8,32) Wir könnten auch übersetzen: Nur wer es wagt, sich seiner Wahrheit zu stellen, wird Ruhe finden. Die Ruhe fängt im Innern an: »Seelenruhe bedeutet auch Ruhe für den ganzen Leib«, sagt Rabbi Halozki. Wenn die Seele nicht zur Ruhe kommt, wird auch der Leib nicht wirklich ruhig werden, selbst wenn er rein äußerlich nichts tut. Wer ständig in Bewegung ist, der hindert seine Seele, ruhig zu werden. Ich muss auch äußerlich Ruhe geben, damit meine Seele Ruhe finden kann.

Die Adventszeit ist die Chance, sich auf das lärmende Herz einzulassen und seinen inneren Hunger zu stillen. Wer still ist, wird auf dem Grund seines Herzens die innere Freude erfahren können, die tiefer ist als alle Enttäuschung, alle Frustration, alle heillose Hektik.

Wie klingt Schnee?
Hanna Buiting

In meinem Lieblingsfilm »Jenseits der Stille« fragt der gehörlose Vater seine hörende Tochter Lara: »Wie klingt der Schnee? Was sagt er dir?« Gemeinsam stehen sie am Abend beisammen, blicken von drinnen nach draußen, sehen zu, wie die Welt weiß wird. Lara versucht zu erklären, dass der Schnee »bbbrrrrbrrrr« sagen würde, und »knirrsch-knirrsch«.

Als ihr Vater mit diesen Worten nichts anzufangen weiß, fügt sie hinzu: »Ehrlich gesagt, sagt der Schnee nicht viel. Man sagt sogar, dass er alle Geräusche verschluckt. Wenn Schnee liegt, ist alles viel leiser.«

Ich habe diese Szene viele Male gesehen. Sie berührt mich immer wieder. Wie da eine versucht, einem anderen die Welt zu erklären. So wie sie sie hört. Einen Moment scheint es, als würde die Welt sich langsamer dadurch drehen.

Ich will auch am Fenster stehen. Und zusehen, wie die Welt weiß wird und leiser. Ich will auf den Regen lauschen, der an die Fensterscheiben prasselt, und bemerken, dass sich das manchmal anhört wie Applaus. Ich will eine Gänsehaut an den Armen bekommen in dem Moment, in dem sich eine Wolke vor die Sonne schiebt, und es ein bisschen dauert, bis sie sie wieder freigibt und die Wärme zurückkehrt. Ich will das alles wahrnehmen. Es soll nicht einfach so geschehen, vorübergehen, ohne dass ich es bemerkte.

Ich wünsche mir, dass Achtsamkeit kein Trend ist, der uns irgendwann über ist. Viel mehr hoffe ich darauf, dass wir uns immer wieder erinnert wissen: Das Leben, es ist keine Selbstverständlichkeit, sondern eine Kostbarkeit. Und damit schützens-, erhaltens- und erzählenswert. So versuche ich, dem Leben in Achtung zu begegnen. Auf das Leben achtzugeben. Das Schreiben hilft mir dabei. Es lenkt meinen Blick. Macht mich aufmerksam für das Wesentliche unserer Zeit. In aller Schnelllebigkeit kann das Schreiben

zum Gegenpol werden: Ich schreibe im Schnecken-
tempo, wie in Zeitlupe, halte die Zeit damit einen
Moment fest, bevor sie vergeht. Erst dann gehe ich
weiter.

Gelingt es mir, den Blick zu behalten, besonders
auch für die kleinen Dinge, habe ich manchmal das
Gefühl, ich komme der Dimension näher, die auch
mit Achtsamkeit gemeint sein kann:
der Geistesgegenwart. Ich verstehe
das im doppelten Sinne. Zunächst
auf mich selbst bezogen, die ich
meinen Geist und meine Sinne
schärfe. Im Schreiben übe ich die Fo-
kussierung, das bewusste Wahrnehmen des Mo-
ments. Ich bin ganz hier. Die Worte selbst zeugen
von mir.

Zum anderen möchte ich aufmerksam sein für
die Kraft, die in allen Dingen liegt, das Geistvolle
im Leben. Meiner Erzähl- und Glaubensgemein-
schaft ist die Idee einer »heiligen Geistkraft« vertraut. Sie ist eine Form dessen, wie wir G*tt erleben

und beschreiben. Sie ist etwas Ursprüngliches, das sich immer wieder anders zeigen kann. Als Hauch, als Wind, als Feuer. Im Traum, im Sturm und in der Stille. Als Zeichen von Verwandlung, Verbindung, Vertrauen. Durch diese Kraft wird die Welt neu. Sie gießt und sie blüht, sät Fragen wie Samen, ist Garten und Gärtner zugleich. Nicht leicht zu fassen, oft nur zu erahnen. Dennoch etwas, an dem wir uns festmachen. G*tt ist gegenwärtig.

Der Ort, an dem Gott uns erwartet
Wolfgang Öxler

In der Stille geschieht am meisten. Die Stille ist der Ort, an dem Gott uns erwartet. Alles, was zu leise war, um gehört zu werden, kommt jetzt zum Vorschein. Alles, was sich verstecken wollte hinter Trubel und Lärm, kann sich nicht mehr verkriechen, wenn es plötzlich ruhig wird. Jetzt ergibt sich die Gelegenheit, problematische Dinge einmal genauer unter die Lupe zu nehmen und vielleicht eine Lösung dafür zu finden. Schweigen birgt auch die Chance, zu entdecken, was überflüssig ist, von welchen Angewohnheiten und vermeintlichen Verpflichtungen man sich trennen kann.

Völker ziehen
zu deinem Licht

Vom Stern in der Finsternis

Ein Stern geht auf

Siehe, Finsternis bedeckt die Erde
und Dunkelheit die Völker.
Doch über dir erstrahlt der Herr,
über dir erscheint seine Herrlichkeit.
Völker ziehen zu deinem Licht
und Könige zu deinem Strahlenglanz.
Lass deine Augen ringsum schweifen und sieh:
Sie alle sammeln sich, um zu dir zu gehen.

Jesaja 60,2–4

Heilige Nacht
Anselm Grün

Heute können wir durch einen Knopfdruck die Nacht zum hellen Tag werden lassen. Aber dennoch steckt auch in uns noch die Angst vor der Dunkelheit der Nacht. Die Nacht ist heute zum Symbol geworden. Da sagt jemand, um ihn herum sei nur Nacht. Sein Leben sei ihm zusammengebrochen, alles sei sinnlos. Die Nacht steht für die Depression, in die Menschen immer wieder geraten. Auf einmal wird es dunkel in einem wie in einem Tunnel. Alles ist schwarz, leer, sinnlos. Man sieht kein Ende des Tunnels. Man fühlt sich wie gelähmt. Gerade weil die Nacht etwas so Gefährliches und Bedrohliches ist, haben die Menschen seit jeher versucht, die Nächte in etwas Heiliges zu verwandeln. Schon die Mysterienkulte haben daher ihre Weihen in der Nacht gefeiert. Ostern wird in der Nacht gefeiert, da Christus die Dunkelheit des Grabes überwunden hat. Weihnacht hat ihren Namen von der »Geweihten Nacht«. Schon die Germanen kannten die geweihten, die heiligen Nächte. Für sie waren es die Mittwinternächte. Mitten im Winter, wenn die Nächte am längsten dauern, haben sie die Nacht den Göttern geweiht, haben sie sie heilig gemacht. In den zwölf Rauhnächten haben sie ihre Häuser und Höfe mit Amuletten, Räucherwerk und Beschwörungen zu schützen gesucht. Und sie haben die Götter gebeten, sie sollten die gefährlichen Nächte heilen, so dass sie nicht mehr Unglück bringen, sondern Heil, Glück, Gesundheit, Rettung. Das deutsche Wort »heilig« meint nicht nur heil und ganz, sondern geht vermutlich auf die Vorstellungsinhalte von »Zauber, günstiges Vorzeichen, Glück« zurück. Wenn man die Nächte weihte, wollte man sie verzaubern, dass sie Glück bringen.

Die Christen im germanischen Raum haben daher das Geheimnis der Geburt Christi mit dem bei ihren Vorfahren üblichen Wort der »Weihnacht« am besten auszudrücken vermocht. Wenn Christus mitten in der Nacht geboren wird, dann wird unsere Nacht wirklich verzaubert, dann wird sie zu einer glückbringenden Nacht, zu einer »Weihe-Nacht«. Weil die Kirche ihre Weihnachtsbotschaft bewusst in die Angst der Germanen vor den Rauhnächten hineingesprochen hat, hat sie die germanische Seele tief berührt. Daher ist es verständlich, wenn im germanischen Bereich Weihnachten sich tiefer in die Herzen eingegraben hat als Ostern, das doch das höchste christliche Fest ist. Offensichtlich wurde mit dem Bild der »Weihe-Nacht« eine befreiende und heilende Antwort auf die Angst der Germanen vor ihren dämonischen Nächten gegeben. Christus hat ihre Nacht verwandelt, da er als Licht die Nacht für immer erleuchtet.

Halte das Licht von Weihnachten bewusst in deine Nacht, in die Nacht deiner Depression, in die Nacht deiner Sinnlosigkeit, in die schlaflosen Nächte, da du dich nach dem Morgen sehnst. Und stelle dir vor, dass auch deine Nacht zur Weihe-Nacht wird, zur geweihten Nacht, zur heiligen Nacht.

... und im Dunkel strahlt ein Licht
Andrea Schwarz

Gott nimmt uns unsere Dunkelheiten nicht. Es bleiben Krankheit und Tod, Angst und Einsamkeit, Missverständnisse und Verletzungen. Das ist menschlich. Die Begrenzungen unseres menschlichen Lebens stehen in der Spannung zu unserer Sehnsucht nach der Unbegrenztheit. Wir träumen davon, dass die Freiheit grenzenlos sein mag – und stoßen uns dann den Kopf blutig, wenn wir mit diesem Traum an die Grenzen unserer menschlichen Existenz stoßen.

Aber gerade die Begrenzungen unseres Lebens machen unser Mensch-Sein aus: Gäbe es den Tod nicht mehr, wären wir Gott – aber keine Menschen. Wären wir vollkommen, allmächtig, stark – dann wären wir Gott, aber keine Menschen mehr. Kennzeichen unseres Mensch-Seins ist gerade unsere Gebrochenheit. Und diese Gebrochenheit, den Tod, diese Grenzen kann uns keiner nehmen, wenn er uns nicht unser Mensch-Sein nehmen will. Jede Religion, jeder Guru, jede Sekte, die das verspricht, lügt.

Keiner kann uns das Dunkel unseres Lebens nehmen. Hier auf Erden werden bleiben Tod und Einsamkeit, Krankheit und Grenze.

Und unser Gott hat uns das auch nie versprochen. Ja, er wird die Tränen abwischen — aber wir haben geweint. Er führt uns durch den Tod zum ewigen Leben — aber er kann den Tod nicht wegnehmen. Er nimmt uns unser Dunkel nicht — aber er selbst kommt als Licht in unsere Dunkelheit.

Und das ist die radikale Botschaft des Weihnachtsfestes: Dieser Gott kommt aus seiner Unbegrenztheit in die Begrenzungen unseres menschlichen Lebens hinein, damit wir sie besser aushalten und leben können. Er selbst wird Mensch und unterwirft sich, bei aller Göttlichkeit, menschlichen Begrenzungen. Er weint und leidet, er hat Angst und wird verraten, er ist einsam und unverstanden. Er wird Kind in einer armseligen Krippe im Stall – und stirbt einen qualvollen Tod am Kreuz. Er kann uns unser Dunkel nicht nehmen – aber in seiner Liebe zeigt er sich abgrundtief solidarisch mit uns Menschen: Er kommt mitten hinein in unsere Dunkelheiten. Er verlässt seine göttliche Größe, um in unsere Kleinheit hineinzukommen. Er wird Mensch, um uns so nahe zu sein, wie es nur ein Mensch sein kann. Er, der Unbegreifliche, macht sich begreiflich, damit wir etwas von der Größe dieses Gottes erahnen können. Er nimmt den Tod auf sich, damit wir gerade in diesen schmerzlichen Stunden nicht allein sind. Er geht uns nach in all unsere menschlichen Situationen hinein – um uns nah zu sein, ganz nah.

Im Glaubensbekenntnis beten wir: »Hinabgestiegen in das Reich des Todes« – ja, die Liebe unseres Gottes geht so weit, dass er sich in eine Welt hineinbegibt, in der scheinbar der Tod das letzte Wort hat. Auch er kann den Tod nicht wegnehmen — aber er nimmt den Kampf mit ihm auf und er besiegt ihn.

Dieser Gott ist so stark, dass er sich schwach machen kann — in einem Kind in der Krippe, im Gekreuzigten auf Golgota.

Das ist das Licht, das in unsere Dunkelheiten kommt — nicht, um sie wegzunehmen, sondern um sie zu erhellen.

Binde deinen Karren an einen Stern
Wolfgang Öxler

»Binde deinen Karren an einen Stern« ist ein Ausspruch des Malers Leonardo da Vinci. In Zeiten der Orientierungslosigkeit scheint unser Lebenskarren zuweilen wie festgefahren. Dann brauchen wir eine Leuchtspur, die wie ein Stern auf etwas Größeres verweist. In der Heiligen Schrift ist immer wieder die Rede von solchen Leuchtspuren. Da ist Abraham, welcher in seiner Verzweiflung ganz umnachtet ist, weil ihm keine Nachkommen geschenkt sind. In seiner Krise nimmt er den Lebenssinn, die Leuchtspur seines Lebens, nicht mehr wahr. Das Aufschauen zum Himmel, um den Blick zu lösen von der Enge, von der gegenwärtigen Ausweglosigkeit, lässt ihm eine andere Perspektive zuteilwerden. Es braucht immer wieder den Blick auf die Leuchtspur des Himmels, auf die Verheißung.

So hören wir es in der Bibel auch von den Sternkundigen. Die Leuchtspur eines Sternes hat sie auf eine lange Reise geführt. Es ist nicht kopflos, den eigenen Sehnsüchten Raum im Alltag zu geben. Es ist nicht naiv, zu glauben, dass etwas auf uns, auf sie wartet. Es weitet den Blick, in den Himmel zu schauen. Dort leuchtet eine Spur, die ihnen den Weg weist. Für sie glühen die Sterne nicht nur am Himmel, sondern in ihrem Inneren. Da fängt etwas in ihnen zu leuchten an, das sie aus ihrer Lebenswelt herauszieht. Der Stern gilt als Zeichen, das in die Zukunft weist, das die Menschen von innen her aufbrechen lässt. Dass sie auf die Leuchtspur am Himmel blicken, zeigt, sie haben sich nicht einzig auf der Erde eingerichtet. Man könnte sagen, diese Menschen folgen der Spur ihres Herzens. Der Stern deutet uns an: Du bist nicht nur ein Mensch der Erde, sondern auch ein Mensch des Himmels. Folge dem Stern, der über dich hinausweist auf den, der vom Himmel herabkommt und unsere tiefste Sehnsucht erfüllt. Mit der Geburt Jesu wird deutlich: Gott will uns so nah sein wie möglich. Er legt seine Spur in unsere Welt hinein, in unser Leben.

Die Sterndeuter sind Menschen, die vom Leben noch etwas erwarten und aufbrechen. Die drei Weisen sind Menschen, welche nicht mutlos werden, sondern weitergehen trotz aller Hindernisse.

Von der eigenen Lebenssituation aufzublicken zu einem Stern bedeutet, über den eigenen Horizont hinauszuschauen. Wie oft bleibt unser Blick an den Kleinigkeiten des Alltags hängen, weil uns die Vision eines sinnhaften, glückenden Lebens verloren gegangen ist? Wohin ich schaue, dahin komme ich. Vielleicht ist das die Art, wie ich dem Stern folgen kann: Nach dem Weg fragen und den Kurs korrigieren. Und mutig feststellen, dass ich noch nicht fertig bin.

Zwischen Himmel und Erde
Beatrice von Weizsäcker

Himmel und Erde sind klar getrennt. Und doch sind sie verbunden. Nicht am Horizont, wo sie vermeintlich aufeinandertreffen. Denn kaum ist man dort, ist der Horizont woanders. Ist er wieder weit weg. Himmel und Erde sind nie beieinander, wenn wir gerade dort sind, wo wir meinen, dass sie aufeinandertreffen, egal, wo wir sind. Immer ist der eine oben und die andere unten.

Es ist Gott, der Himmel und Erde verbindet.

Ich glaube, dass der Glanz des Himmels in uns allen liegt. Als würde ein Sonnenstrahl in uns leuchten und uns mit Gott verbinden. Dieses Licht vereint in uns Himmel und Erde. Es lässt uns strahlen. Es ist das Licht, das Gott erschuf, als er die Dunkelheit beiseiteschob und den Tag von der Nacht schied. Ich glaube, dass Gott schon am ersten Schöpfungstag, als er sprach:

»Es werde Licht!«, das Leuchten in unser Leben legte, ein Leben, das es noch gar nicht gab. Den Grundstein für uns. Das war sein Wille: das Licht. Für die Welt. Und in uns.

Nachts sind es die Sterne, die in uns glänzen. Sie funkeln in mein Leben. Mit einem Gruß von oben. Von den Brüdern.

Es ist das Licht des ewigen Lebens.

Ich habe das Licht tanzen gesehen
Teresa Zukic

Nari war eine fleißige Schülerin, so wie alle Kinder in Korea sehr fleißig sind. Ihre strengen Eltern taten alles, um ihr Kind zu fördern.

Schon im Kindergarten werden die koreanischen Kinder im Lesen und Schreiben unterrichtet. In der Grundschule lernen die Kinder von frühmorgens bis spätabends. Zum Spielen haben sie oft wenig Zeit. Nari verbrachte besonders viel Zeit damit, zu lernen, sodass sie die Klassenbeste war. Ihre Schulaufgaben erledigte sie immer besonders zuverlässig.

Wie konnte sie eines Tages nur den Zettel vergessen, den ihre Eltern noch am Abend vorher unterschrieben hatten und der heute der Lehrerin zu übergeben war? Sie rannte zurück nach Hause, während ihre Freundinnen schon das Schulgebäude betraten. Völlig außer Atem hielt sie auf dem Rückweg zur Schule auf der Hälfte der Strecke plötzlich an. Sie war schon über die Brücke gelaufen und über den kleinen Fluss. Nur noch zwei Straßen, dann wäre sie in der Schule. Nari schaute auf ihre Uhr. Nie und nimmer würde sie es jetzt noch rechtzeitig zum Morgenappell schaffen. Das Mädchen spürte, wie ihr Herz raste. Sie musste erst mal nachdenken und kletterte die Böschung hinab zum Flussufer und setzte sich auf einen Stein. Zur nächsten Stunde würde sie in die Schule gehen. Sie musste sich nur noch eine gute Ausrede einfallen lassen. Ihre Lehrerin würde ihr Fehlen sicher sofort bemerken.

Plötzlich fiel ihr Blick auf das spiegelnde Licht des Flusses. Das Licht tanzte vor ihren Augen. Noch nie zuvor hatte sie dieses wunderschöne Schauspiel beobachtet. Sie kniff ihre Augen ein wenig zusammen und die Lichtstrahlen funkelten über dem Wasser. Wie ruhig, wie friedlich, wie schön war es hier. Die Sonne wärmte sie und sie konnte sich nicht sattsehen am Funkeln der Wasseroberfläche. Nein, zur nächsten Stunde würde sie auch nicht gehen. Was sollte sie denn jetzt sagen? Stattdessen legte sie sich ins Gras und schlief beim Plätschern des Flusses ein. Wie herrlich, wie köstlich verflogen die Stunden. Nari genoss ihre kleine Auszeit. Als sie die anderen Kinder am Nachmittag vorbeigehen hörte, ging sie nach Hause. Nein, das konnte sie ihrer Mutter nicht erzählen. Sie hatte ja nicht mal eine vernünftige Erklärung für ihr Schulschwänzen.

Am nächsten Morgen würde sie einfach zur Lehrerin gehen und erklären, dass sie sich gestern nicht gut gefühlt hatte. Aber das war ja nicht wahr! So gut, wie es ihr gestern ergangen war, war es ihr noch nie gegangen. Vor der Brücke ging sie wieder an das Flussufer. Wieder war sie wie verzaubert. Die ganze Woche ging sie morgens aus dem Haus und kam abends pünktlich nach Hause.

Am Freitagabend klingelte das Telefon. Sie lauschte an der Tür. Ihre Lehrerin rief an und erkundigte sich nach dem Befinden ihrer besten Schülerin, die ja wohl krank war. Ihre Mutter war außer sich. »Warte nur, bis dein Vater heimkommt«, drohte sie Nari. »Dann bekommst du eine Standpauke zu hören!« Vor ihren strengen Vätern haben koreanische Kinder besonders viel Respekt, so auch Nari.

Als der Vater spätabends von seiner Arbeit nach Hause kam, hörte Nari, wie sich ihre Eltern stritten. Sie lag in ihrem Bett und erwartete das Donnerwetter. Ihr Vater betrat das Zimmer mit ernster Miene, legte seinen Finger auf seine Lippen und deutete Nari an, dass sie ganz ruhig sein sollte. Dann schimpfte er mit der Wand. Beide kicherten.

»Warum bist du nicht in die Schule gegangen?«, fragte ihr Vater sie dann ganz ruhig. Da erzählte sie ihm von dem funkelnden Licht am Wasser.

»Ich habe das Licht tanzen gesehen. Ich habe noch nie so was Schönes gesehen.« Der Vater nahm seine Nari in seine Arme und flüsterte: »Das hast du gut gemacht. Vom Licht kann man viel lernen. Und deinen ›Urlaub‹ werde ich schon entschuldigen. Aber morgen gehst du wieder in die Schule, meine

Starke.« Nari strahlte ihren Papa an. Ja, morgen würde sie wieder in die Schule gehen.

Nach einer wahren Geschichte meiner koreanischen Freundin Scholastika.

Sonne, die die Nacht vertreibt
Anselm Grün

Weihnachten fällt mit der Feier der Wintersonnenwende zusammen. Für die Christen der Antike war das ein Bild dafür, dass Christus, die wahre Sonne, unser Schicksal zum Heil gewendet hat. So wie bis Weihnachten die dunklen Nächte wachsen, so wuchs in der Geschichte die Nacht des Satans. Als aber Christus erschien, wurde der Bann der Finsternis gebrochen. So feiert die Weihnachtsliturgie die Geburt Christi immer wieder unter dem Bild der Sonne. Da heißt es in einer Antifon: »Aufgehen wird euch der Retter wie die Sonne, wenn er herabsteigt in den Schoß der Jungfrau.« In dieser Antifon spiegelt sich die Sehnsucht der Antike wider, die das Paradox von Aufgehen und Untergehen, von Niedersteigen und Aufsteigen der Sonne als Bild für das eigene Leben gesehen hat. In Christus steigt die Sonne in unsere Nacht, um für immer aufzugehen und uns zu erleuchten. Die Sonne kann wärmen und Leben spenden, aber auch verbrennen. Wenn die Christen Christus als die wahre Sonne verehren, dann spielen diese Erfahrungen mit. Christus erleuchtet unsere Finsternis, er hüllt uns in das milde Licht der göttlichen Liebe. Aber er brennt auch alles Sündhafte und Erstarrte in uns aus, damit in uns durch ihn Licht wird. Paul Gerhardt hat in seinem Weihnachtslied »Ich steh an deiner Krippen hier« Christus als den gesehen, der uns in tiefer Todesnacht zu unserer Sonne wurde: »die Sonne, die mir zugebracht Licht, Leben, Freud' und Wonne«. Auch wir sollten an Weihnachten für andere zur Sonne werden. Das ist natürlich kein auf den Feiertag beschränkter Rat. Aber Weihnachten ist ein Fest, an dem wir diese Erfahrung besonders bewusst machen und feiern sollten.

Gott ist auch ein Kind gewesen

Vom Geheimnis der Weihnacht

Welch Geheimnis ist ein Kind
Clemens Brentano

Welch Geheimnis ist ein Kind?
Gott ist auch ein Kind gewesen.
Weil wir Kinder Gottes sind,
Kam ein Kind, uns zu erlösen.
Welch Geheimnis ist ein Kind?
Wer dies einmal je empfunden,
Ist den Kindern durch das Jesuskind verbunden!

Das Abenteuer der Suche
Tomáš Halík

Jesus kommt in unsere Welt auch immer wieder in vielen verborgenen Gestalten außerhalb der sichtbaren Mauern der Kirche; Jesus zu folgen bedeutet, sich auf *das Abenteuer der Suche nach Christus* zu begeben, der seine Anonymität, seine Verkleidungen und Masken — wie uns die Schilderung des Jüngsten Gerichts im Matthäusevangelium sagt — erst am Ende der Geschichte ablegen wird.

Erst dann wird sich zeigen, dass Jesus wie einst nach Bethlehem während der ganzen Geschichte immer wieder unter uns gekommen ist: als Kind unwillkommener Einwanderer, vor denen die Menschen von Bethlehem ihre Türen und Herzen geschlossen haben, für die — wie das heutige Evangelium sagt — unter dem Dach, in den Wohnungen der Frommen und Gerechten kein Platz war.

Das Weihnachtsevangelium ist keine Idylle für eine sentimentale, süßliche Frömmigkeit, kein

Dessert nach einem opulenten Weihnachtsmahl, sondern eine aufrüttelnde Aussage über den fortdauernden Egoismus in der Welt, an deren Tür Maria und Josef vergebens anklopfen.

Das wahre Christentum ist keine erstarrte religiöse Ideologie, kein System von Ritualen und Bräuchen, Vorschriften und Verboten. Es ist das Abenteuer der Suche nach dem lebendigen Christus in unserer Zeit, in unserer Welt, in unserer Gesellschaft. Oftmals hat Jesus, der immer wieder zu uns kommt, nur einen *Identitätsausweis*, nämlich denjenigen, mit dem er sich nach der Auferstehung bei seinen Jüngern ausgewiesen und mit dem er den Glauben des zweifelnden Thomas auferweckt hat: seine Wunden. Und beachten wir auch, dass er durch die verschlossene Tür der Angst gehen kann, dass er unsere Angst überwindet.

Vielleicht ein Flügelschlag ...
Andrea Schwarz

Gott bleibt nicht auf einem fernen Himmelsthron, er kommt im Kind in der Krippe mitten in unser Leben hinein. Er kommt uns entgegen und lässt sich von uns finden – wenn wir bereit sind, ihn zu suchen.

Wer etwas sucht, wirklich sucht, der braucht vor allem ein offenes Herz – oder, wie es beim Propheten Ezechiel heißt: »ein Herz aus Fleisch«. Ein Herz aus Fleisch ist berührbar – und damit auch verwundbar, ein Herz aus Fleisch spürt und fühlt und empfindet. Das Herz aus Stein dagegen ist nicht zu bewegen und nicht zu erschüttern. Und mag sein, dass sich gerade deshalb manche Menschen ein Herz aus Stein zulegen – um eben nicht erschüttert zu werden.

Aber: »Advent ist die Zeit der Erschütterung«, so sagt es Alfred Delp – Advent ist die Zeit der offenen Herzen. Advent ist die Einladung, mich und mein

Herz zu öffnen, mich berührbar zu machen – um vielleicht etwas zu finden, was ich nicht suchte: ein Kind statt eines Königs, einen Stall statt eines Palastes, Ochs und Esel statt hoch zu Ross.

Wer diese Botschaft des Weihnachtsfestes, wer diesen Gott als Kind auf sich zukommen lässt, für den kann nichts mehr so bleiben, wie es einmal war. Der kann nicht am 27. Dezember zur Tagesordnung übergehen. Der sieht sein Leben mit anderen Augen an. Wer sein Herz geöffnet hat, der sieht mit dem Herzen und der hört mit dem Herzen. Und das ist der Weg zur Lebendigkeit.

Wer in dem Sinn mit dem Herzen sieht, für den mag Advent auch eine Zeit der Enttäuschung sein, die Zeit, in der uns Täuschungen oft schmerzhaft weggenommen werden, wir enttäuscht werden. Mag sein, dass wir bisher zu sehr im Vordergrund gelebt haben – und den Hintergrund zu wenig beachtet haben. Mag sein, dass wir in die Versuchung geraten sind, zu sehr in die Breite zu leben, alles haben, alles sein zu wollen – und nun auf die Tiefe verwiesen werden. Es könnte sein, dass wir falsche Vorstellungen, falsche Bilder hatten – von uns, vom anderen, von Gott – und dass uns diese Bilder genommen werden, weil wir mit anderen Dimensionen unseres Lebens, unseres Glaubens konfrontiert werden – weil unser Herz gerade jetzt offen ist für diese anderen Wirklichkeiten.

Der große Gott – ein Kind; ein Kind – Gott. Ein Gott, der in meine Armseligkeit hineinkommt, ein Gott, der den Menschen entgegenkommt. Ein Gott, der mich liebt, ein Gott, der mich will – ein Gott, der mich fragt, so wie er Maria gefragt hat. Ein Gott, der auf mein »Ja« wartet. Ein Gott, der mein Leben auf den Kopf stellt. Nach diesem Fest kann eigentlich nichts mehr so sein, wie es mal war. Und genau das macht die Radikalität und die Existenzialität dieses scheinbar so netten Festes aus.

Weihnachten – das ist die Zusage, dass wir aussteigen können und dürfen aus dem Karussell des immer besser, immer schneller, immer mehr – wir brauchen nicht länger zu machen, wir dürfen einfach sein. Wir müssen niemandem beweisen, dass wir toll und attraktiv sind – weil Gott uns so liebt, wie wir sind. Wir können die Dunkelheiten zulassen, weil da einer ist, der mit uns hindurchgeht – und brauchen nicht länger zu flüchten in den Vierfarbdruck der Hochglanzprospekte. Wir können und dürfen uns den Erwartungen anderer an uns entziehen, wenn sie uns festschreiben wollen, wenn wir so sein sollen, wie sie uns gerne hätten. Wir können und dürfen unseren Fragen und unserer Sehnsucht trauen. Wir können daran glauben, dass es da etwas gibt, was die banalen Alltäglichkeiten unseres Lebens überschreitet, etwas, was meinem Leben einen Sinn gibt.

Das Entscheidende ist längst geschehen – ein Gott, der die Menschen so sehr liebt, dass er zu uns kommt, dass er uns entgegenkommt. Er ist nur auf unsere offenen Herzen angewiesen.

Um uns in dieses »offene Herz«, in dieses »Herz aus Fleisch« einzuüben, dazu brauchen wir diese

Wochen des Advents – damit wir nicht meinen, Weihnachten machen zu müssen, sondern damit wir Weihnachten in uns geschehen lassen können.

Dessen bedarf es eigentlich nicht viel: ein wenig Raum, ein wenig Zeit, in der die Sehnsucht wachsen darf, Stille, in der ich neu hören lernen kann, Lieder, von denen ich mich berühren lassen kann. Es braucht das Licht der Kerzen, das Grün der Tannen, den Barbarazweig, die Freude an den kleinen Heimlichkeiten, an dem unverhofft gefundenen Geschenk. Es braucht das Gespräch zwischen Freunden, einen Kartengruß, ein »Ich denk an dich«. Eigentlich hört sich das nicht viel anders an als das, was alle machen – und doch ist es anders. Es ist kein Machen und Tun, das uns unter Stress setzt, es ist eine andere Art zu sein. Es kommt aus einer Zusage Gottes heraus, auf die ich mit meinem Leben eine Antwort versuche. Es ist eine Haltung, eine Einstellung, in die ich mich in diesen Tagen neu einzuüben versuche.

Auf die Frage nach dem »Wozu?« mag es viele Antworten geben. Wenn eine Antwort heißt: »Gott wird Mensch, damit wir Menschen endlich Mensch sein können« – dann wäre das allein Grund genug. Wenn die Antwort wäre: »Damit den Menschen Flügel wachsen« – dann wäre es gut.

Vielleicht sogar sehr gut.

Der Leuchtturmwächter
Susanne Niemeyer

Sam wacht über das Meer seit hundert Jahren, was natürlich nicht stimmt, aber Sam hat vergessen, wann er auf den Leuchtturm gekommen ist. Er ist schon immer da gewesen. Erst mit Agathe, dann nur noch mit Matz, aber der ist jetzt auch weg. Ein Hundeleben hat er gegen die Möwen gekläfft, am Ende lagen sie gleichauf. Der Wind ist noch da. Und nachts leuchten die Sterne. Die Sterne mag Sam lieber als den Wind, sie machen nicht so ein Aufheben.

Die Insel ist klein, eigentlich nur ein großer Stein, der auf der einen Seite sanft ausläuft. Dort liegt sein Boot. Eine Bank gibt es auch. Gegen Abend, wenn der Wind nachgelassen hat, sind Agathe und er dort oft gesessen und haben sich an den Händen gehalten. Gesagt haben sie nie viel, aber das brauchten sie auch nicht. »Hier ist zu Hause«, hat Agathe geseufzt, und es war ein wohliges Seufzen und Sam hat genickt und dann ist er aufgestanden, um nach den Krebsen zu sehen, denn zu viel Romantik tut auch nicht gut.

Alle sechs Wochen rudert Sam ans Festland und kauft Bohnen und Haferflocken und manchmal ein bisschen Speck. Dann rudert er zurück und die Leute haben ihn schon wieder vergessen, weil Sam einer ist, der kommt und geht, ohne viel zu sagen. Der Leuchtturm ist ja auch längst abgeschaltet, seit es den neuen gibt, so ein Stahlgerüst mit Lampe. Ein Turm ist das nicht, und gesteuert wird er von Münderup aus, alles per Computer. Da wacht keiner mehr. »Sam«, haben sie zu Sam gesagt, »du kriegst eine Wohnung, da hast du Zentralheizung und Balkonkästen hast du auch, und beim Bäcker kannst du nachmittags Bienenstich holen.« Sam wollte nicht. Sam hat auf den Bienenstich verzichtet, obwohl er Bienenstich sehr gern isst. Aber er findet, einen muss es schon geben, der Licht macht, und das kann ja wohl keineswegs eine Maschine sein. Der Turm ist jetzt eine unbeleuchtete Landmarke. So nennt man das im Behördendeutsch, und es ist

Sam streng untersagt, das Licht anzuzünden. Land-
marken leuchten nicht.

Sam ist noch nie sentimental gewesen. Sam ist
immer Realist gewesen. Jetzt ist er ein enttäuschter
Realist, der sich manchmal mit Bienenstich vom
Festland tröstet, aber nie mit Alkohol, obwohl die
Nächte lang sind. Noch immer. Sam liegt oft wach
und lauscht dem Wind und denkt über alles nach.

In einer solchen Nacht hört er auf einmal einen
dumpfen Schlag. Es klingt wie ein Boot, das gegen
den Fels geworfen wird. Sein Boot hat er wie immer
fest vertäut, da ist er gründlich. Immer gewesen. Die
See ist kabbelig, also beschließt er runterzusteigen,
man weiß nie. Draußen schlägt ihm der Wind ins
Gesicht. »Ruhig«, murmelt Sam und hält den Strahl
der Lampe ins Dunkel. Die Wellen haben Kronen
aufgesetzt und leuchten weiß. Unten liegt ein Boot.
In dem Boot sitzt ein Kind. Sam kneift die Augen
zusammen. Es hat Zöpfe, also wird es ein Mädchen
sein. Mehr kann er nicht erkennen. Das Mädchen
gehört eindeutig nicht hierher.

Als er näherkommt, sieht er, dass es zittert, deshalb steigt Sam hinunter und hebt es aus dem Boot. Es ist leicht, überraschend leicht, und es lässt sich, ohne zu fragen, in den Leuchtturm bringen. »Die Stufen musst du schon selber gehen«, brummt Sam, denn sein Rücken ist auch nicht mehr der jüngste. Das Mädchen nickt. Es trägt zwei Röcke und eine Hose, darüber einen viel zu großen Anorak. Sam gießt Milch in den Topf und zündet das Gas an. »Woher kommst du?« Das Mädchen schüttelt den Kopf. Vielleicht spricht es kein Deutsch? »Maria«, sagt es. Marias Stimme ist hell und erinnert Sam an etwas. Er kommt nicht drauf, was es ist. Maria trinkt hastig. Milch scheint sie zu mögen. Dann legt sie den Kopf auf den Tisch und schläft ein. Sam sieht das Mädchen an und denkt, dass ein Tisch kein geeigneter Ort für einen erholsamen Schlaf ist, also breitet er eine Decke auf dem Sofa aus, hebt Maria von ihrem Stuhl und legt sie behutsam hin. Mehr gibt es nicht zu tun. Sam legt sich auch wieder hin. Diesmal kommt der Schlaf.

Am Morgen stellt sich heraus, dass das alles kein Traum war. Das Mädchen sitzt am Fenster und sieht aufs Meer. Sam schaut auf das Mädchen. Man müsste es an Land bringen, denkt er. Aber etwas hält ihn davon ab, weil er nicht weiß, wie er das alles erklären soll, und Sam erklärt überhaupt nicht gern. Sie sollte sich waschen. Sie riecht ein bisschen streng. Sam lässt Wasser in die Wanne laufen, holt ein frisches Handtuch und lässt Maria allein.

Dann stellt er den Kessel auf den Herd, gießt Tee auf und überlegt. Wenn ihn nicht alles täuscht, müsste heute der 24. sein. Heiligabend.

Sam macht sich nichts aus dem Heiligabend, er feiert kein Weihnachten. Schon lange nicht mehr. Er wüsste auch nicht, wie. Damals mit Agathe, da haben sie immer einen Tannenbaum ins Fenster gestellt, einen kleinen mit Kerzen. Die haben sie angezündet und sich vorgestellt, dass alle Seeleute die Lichter sehen und sich ein bisschen wie zu Hause fühlen. Allein macht man so etwas nicht. Und ein Leuchtturm, der nicht leuchtet, ist genau genommen sowieso kein Zuhause. Wegen des Mädchens überlegt Sam, kurz noch rüberzufahren an Land und einen Baumkuchen zu kaufen oder was man zu Weihnachten so isst. Er verwirft die Idee wieder. Immerhin hat er das Mädchen nicht eingeladen.

Gegen drei Uhr beschließt er, noch mal nach den Reusen zu sehen. Vielleicht haben sich ein paar fette Krebse darin verirrt. Er zieht das Ölzeug an. Das Mädchen liegt auf dem Sofa und hat die Augen geschlossen. Vielleicht schläft es. Macht nichts, denkt Sam, entweder es wartet oder es ist weg.

Er zieht das Boot ins Wasser und wirft den Motor an. Der Wind ist schneidender geworden. Es wird Schnee geben, vielleicht. Das Boot tuckert zu den Reusen. Sam isst gern Krebse. Auch Fisch, aber lieber Krebs. Früher hat er immer welche für Agathe geholt, und dann ging das Leuchtfeuer an und er wusste: Jetzt musst du nach Hause kommen. Das ist lange her.

Die Dämmerung hat eingesetzt. Eine Reuse noch, dann drehst du um, denkt Sam. Bist nicht mehr der Jüngste, alles geht langsamer, das vergisst du gern. Keine Krebse drin, schade. Er wendet das Boot, da trifft ihn das Licht. Ein starker Strahl fließt über die Wellen. Das Mädchen, denkt Sam, und wirft den Motor an. Es muss den Schalter gefunden haben. Er flucht. Sein Boot springt über die Wellen, so schnell fährt er, immer näher kommt er dem Licht. Es erleuchtet das Meer, den Himmel, den Fels und schließlich auch ihn, als sein Boot eintaucht in den Strahl. Der Leuchtturm liegt jetzt vor ihm, und da sieht er die anderen Boote. Unten an seinem Anleger, eins neben dem nächsten. »Wir haben das Licht gesehen«, rufen ihm ein paar Männer entgegen, auch Anna aus dem Bäckerladen ist da, selbst der alte Heinrich, dazu Menschen, die er noch nie gesehen hat, Filipinos oder Fidschis. Was ist bloß los, denkt Sam. Er vertäut das Boot, läuft 203 Treppen hoch, aber was heißt laufen, er kommt ja kaum voran, so eng ist es wegen all der Leute. »Was wollt ihr hier?«, fragt er ein ums andere Mal. »Wir haben das Licht gesehen«, antworten sie. Oben ist es warm, vielleicht etwas wärmer als sonst, aber das mag an den vielen Menschen liegen.

Maria sitzt am Fenster. Sam geht zu ihr, er will ihr erklären, dass es verboten ist zu leuchten, früher mal, da war das anders, aber das ist vorbei. Er will ihr erklären, dass er Ärger bekommen wird und dass sie den Schalter in Ruhe lassen muss. Doch der Schalter steht unverändert in Schlafposition. Da ist nur das Kind, es sitzt am Fenster und leuchtet.

Gott träumte von einer Welt
Phil Bosmans

Sich auf Weihnachten vorbereiten heißt, in Stille und Nachdenklichkeit einzutreten in den Traum Gottes von einer Erde, als sie noch ein Paradies war, von der Zeit, bevor Kain seinen Bruder Abel erschlug.

Gott träumte von einer Welt, in der Menschen miteinander wie wahre Geschwister leben, keine Armen und keine Unterdrückten mehr, keine Verfolgten und keine Flüchtlinge mehr, keine Einsamen und keine Ausgegrenzten mehr.

Gottes Traum war ein fantastischer Traum. Aber er wurde von Menschen zerschlagen. Und dennoch hat Gott in jedes Menschenherz Heimweh nach dem verlorenen Paradies gelegt, Heimweh nach etwas Glück auf Erden. Ja, er kommt selbst auf die Erde, um seinen Traum zu verwirklichen.

Das Geschenk Gottes
Tomáš Halík

Wenn die Zeit erfüllt ist, so sagt uns die Weihnachtsbotschaft, kommt Gott in die menschliche Geschichte: Er kommt so nah wie nie zuvor: Er kommt
als ein Kind ohne Zuhause, nackt wie jedes neu-
geborene Kind, das nichts anderes als Hoffnung und
Verheißung ist.

Die Ersten, die vom Neugeborenen gehört
haben, waren die Hirten. Die Hirten finden *ein Zeichen,* das ihnen durch eine Stimme aus der Höhe
verkündet wurde. Es ist tatsächlich ein
merkwürdiges Zeichen: ein Kind, das
in einem Stall geboren wurde und in
einer Futterkrippe liegt.

Zusammen mit den Hirten sehen
wir die menschliche, die zerbrechliche
und die verletzliche Seite – gerade sie ist jedoch *das
Zeichen*. Dieses Zeichen verweist auf das Geheimnis,
in das nur der Mut des Glaubens, der Wunsch der

Hoffnung und die Demut der Liebe eintreten können. Dieses Geheimnis ist die Erkenntnis, dass sich in diesem Kind jener Nacht von Bethlehem Himmel und Erde begegneten, *die Offenheit des Himmels, die man Gott nennt, und die Offenheit der Erde, die man das menschliche Herz nennt.*

Das, was Gott uns eröffnet, heißt Liebe; das, was das menschliche Herz für Gott öffnet, heißt Glaube und Hoffnung.

In dem, der uns da geboren wurde, trifft die Frage, die der Mensch ist, auf die Antwort, die Gott ist. In ihm wird der eigentlichste Sinn des menschlichen Daseins offenbar, in ihm findet die wesentliche Offenheit unseres Menschseins ihre Erfüllung, in ihm erkennen wir, dass *der Mensch ohne Gott nicht ganz ist.*

Wir können es mit anderen Worten zum Ausdruck bringen: ein Mensch ohne Liebe ist kein ganzer Mensch. Zu einem lebendigen Gott, dessen einzige Macht die Liebe ist, zu demjenigen, der die Nacht von Bethlehem durch das Geschenk seines Sohnes erstrahlen ließ, führt der Weg einer liebevollen Selbsthingabe. Es ist ein Weg, der nie am einzelnen Menschen vorbeiführt.

> *»Herrlichkeit in den Höhen für Gott und auf der Erde Friede den Menschen seines Wohlgefallens!«*

(Lk 2,14)

Amen.

Was erfreun mich kann
und laben ...

Vom Fest des Schenkens

Vom Honigkuchenmann
August Heinrich Hoffmann von Fallersleben

Keine Puppe will ich haben –
Puppen gehn mich gar nichts an.
Was erfreun mich kann und laben,
ist ein Honigkuchenmann,
so ein Mann mit Leib und Kleid
durch und durch von Süßigkeit.

Freude schenken
Notker Wolf

Ich war ein zweieinhalb Jahre alter Stöpsel, als ich ein Weihnachtsfest erleben durfte, das mein ganzes künftiges Leben prägen sollte. Es war im Winter des Jahres 1942, mitten im Krieg. Mein Vater war an der Front. Meine Mutter wusste nicht, ob sie ihn je wiedersehen würde. Aber unser Vermieter, der im Erdgeschoß wohnte, hatte für die Feiertage Heimaturlaub bekommen. Und noch heute erinnere ich mich, wie ich am Heiligen Abend ein Glöckchen läuten hörte, und meine Mutter sagte: »Jetzt kommt das Christkind!«

Als ich über die Treppe in das Erdgeschoß hinuntergetapst war, öffnete sich vor mir eine Tür: Zum ersten Mal in meinem Leben sah ich einen Tannenbaum mit brennenden Kerzen. Und unter dem Baum war das Schönste: ein Netz mit bunten Bauklötzen. Als ich sie überglücklich in meine kleinen Hände nahm, fiel mein Blick auf unseren Vermieter:

Er strahlte vor Freude über mein Glück. Bald darauf ist er gefallen. Doch das Leuchten in seinen Augen ist mir bis auf den heutigen Tag in Erinnerung. Durch ihn habe ich gelernt: Es ist eine der größten Freuden, anderen eine Freude zu machen.

Bis heute empfinde ich so viele kleine und große Dinge in meinem Leben als Geschenk. Und immer wieder spüre ich den Wunsch, dem dafür zu danken, der Ursprung alles Guten ist.

Sind nicht gerade die Momente größten Glücks im Leben nie das eigene Verdienst, sondern immer ein Geschenk?

In unseren Konsumgesellschaften müssen Weihnachtsgeschenke heute teuer und Festmenüs vom Feinsten sein. Was nicht viel kostet, hat offenbar keinen Wert, löst offenbar keine Freude aus. Etwas ganz anderes berichten mir so oft Menschen, die in Kriegszeiten, in Gefangenenlagern und unter anderen elenden Bedingungen Weihnachten gefeiert haben, oder viele unserer Mitbrüder in den Entwicklungsländern: Jedes Licht und jedes noch so bescheidene Geschenk wird unter solchen Umständen Grund zur Freude und zur Dankbarkeit. Alles wird dann zu einem Hinweis darauf, dass der unter uns ist, der uns das Größte schenkt: Leben und Zukunft.

Woher kommen die Geschenke?
Christine Schniedermann

Kinder stellen viele Fragen. Sie fragen auch: »Wenn der Weihnachtsmann jedes Kind auf der Welt beschenkt, wie schafft er das an einem Abend?«

Oder: »In den Kindernachrichten sagen sie, dass es Kinder gibt, die gar nichts bekommen. Wieso vergisst das Christkind die?«

Tja, und schon sitzen Eltern in der Erklärungsklemme.

Die Idee, dass ein Weihnachtsmann oder ein Christkind ganz geheimnisvoll durch die Lüfte fliegt – mit Rentieren auf einem Schlitten, mit weißen oder goldenen Flügelchen –, durch Kamine rutscht (wie es in vielen Ländern Brauch ist) oder sich anders heimlich Zutritt zum Wohnzimmer verschafft, ist bezaubernd, romantisch und im besten Sinne kitschig.

Ich muss zugeben, dass mir ein wohliger Schauer über den Rücken läuft, wenn ich das geraunte

»*Holidays are coming*« des Background-Chors, begleitet von klingenden Glöckchen, eines bekannten Werbespots höre und sich viele amerikanische Trucks durch eine dunkle Berglandschaft schieben und überall dort, wo sie vorbeifahren, magisch Lichter aufblitzen und Kinderaugen vor Erstaunen glänzend strahlen.

Ja, ich mag den Weihnachtskitsch!

Dieser Spot fängt gekonnt so viel ein, was für viele Menschen Vorfreude auf Weihnachten bedeutet: Geborgenheit, Frieden, Harmonie, Freude, Sehnsucht, Liebe, Rührung, Geheimnis, Zauberei, Träume, strahlende Kinderaugen. So gesehen finde ich es schade, dass die Liebesbotschaft von Jesus nicht immer so gefühlvoll und effektiv von der Kirche rübergebracht wird. Wenngleich die Weihnachtsgottesdienste zu den gefühlvollsten gehören: Kerzen, Krippe, die Frohe Botschaft und das Gänsehaut erzeugende »Stille Nacht«-Lied. Viele Menschen, die sonst nicht viel mit der Kirche am Hut haben, fühlen sich auch von diesen Gottesdiensten angezogen. Dennoch denke ich manchmal: »Da geht noch was. Liebe ist doch die beste Botschaft überhaupt!«

Das Bezaubernde, Geheimnisvolle, Besondere und Freudige an der Vorweihnachtszeit bemerken so viele Menschen, und das finde ich wunderbar. Und ich kann die Eltern gut verstehen, die dem Weihnachtsgeheimnis einen Weihnachtsmann oder das Christkind zur Seite stellen. Es macht alles noch geheimnisvoller.

Mitte der Neunziger, als der erste Truck-Werbespot lief, war ich ein Teenager. Möglich, dass ich aus nostalgischen Gründen so emotional auf diese Werbung reagiere. Da die Werbung aber seit über zwanzig Jahren läuft, scheinen die Werber einen Nerv getroffen zu haben. Vielleicht sind es auch solche nostalgischen Gründe, weshalb viele Eltern ihren Kindern gern erzählen, dass der Weihnachtsmann oder das Christkind die Geschenke bringt. Sie erzählen es gar nicht nur für ihre Kinder, sondern auch für sich selbst. Womöglich macht die Weihnachtsmann-Nummer den Eltern am Ende sogar mehr Spaß als ihren kleinen Kindern. Welche Geschichten Eltern ihren Kindern erzählen wollen, sollten sie selbst entscheiden.

Als unsere Kinder jünger waren, haben wir ihnen nicht vom Weihnachtsmann erzählt und nur indirekt das Christkind erwähnt. Weihnachten war bei uns in erster Linie der Geburtstag von Jesus. Dass mein Mann mit den Kindern in einem Kinderzimmer wartete, bis ich alle Geschenke unter dem Baum drapiert hatte, haben wir kaum kommentiert. Aufregend und spannend war es für die Kinder allemal. Unsere Tochter war vielleicht fünf Jahre alt, als sie im Zimmer wartend folgende Überlegung anstellte: »Wir sind Weihnachten immer mit Papa im Zimmer. Aber ohne Mama. Dann gehen wir ins Wohnzimmer und plötzlich sind Geschenke da. Also ist Mama das Christkind.«

Wir haben sie nicht belogen.

Somit wussten unsere Kinder zeitig über Weihnachtsmann und Christkind Bescheid. Da wir die Besonderheit von Jesu Ankunft auf der Welt herausgestellt hatten und der Heiligabend dennoch bei uns geheimnisvoll abläuft, hat ihnen – glaube ich – nie etwas gefehlt. Ihre Augen strahlen und leuchten jedes Jahr beim Anblick des mit Kerzen bestückten Weihnachtsbaums – wie die Kinderaugen in dem Werbespot.

Schenken
Joachim Ringelnatz

Schenke groß oder klein,
Aber immer gediegen.
Wenn die Bedachten
Die Gaben wiegen,
Sei dein Gewissen rein.

Schenke herzlich und frei.
Schenke dabei
Was in dir wohnt
An Meinung, Geschmack und Humor,
So daß die eigene Freude zuvor
Dich reichlich belohnt.

Schenke mit Geist ohne List.
Sei eingedenk,
Dass dein Geschenk
Du selber bist.

Familienfest
Anselm Grün

Wohl zu keiner anderen Zeit des Jahres sehnen sich die Menschen so sehr nach einer heilen Familie wie an Weihnachten. Die Erwartungen sind hoch. Und so stört jede Meinungsverschiedenheit sofort den Familienfrieden. Die Kinder spüren es, wenn Verlogenheit die Szene beherrscht. Eine heile Familie lässt sich auch nicht nur kurz an Weihnachten herstellen.

Das »Fest der Heiligen Familie« am Sonntag nach Weihnachten zeigt, dass die Bibel kein idyllisch-harmonisches Bild der Familie zeichnet. Die Schwierigkeiten, eine heile Familie zu sein, kommen in der Geschichte von Verfolgung und Flucht, aber auch in der Geschichte vom zwölfjährigen Jesus zum Ausdruck, der im Tempel mit den Schriftgelehrten diskutiert, ohne auf die Ängste der Eltern zu achten. Er ist nicht der brave Bub, der genau tut, was die Eltern von ihm wollen. Er hört auf das eigene Herz, und er tut das, was er darin als richtig erspürt, was er als Willen des Vaters erkennt.

Familie wird nur möglich, wenn sich ihre Mitglieder gemeinsam auf das Geheimnis einlassen, das sie übersteigt. Wenn sie an Weihnachten nicht um sich kreist, sondern das Fest und sein Geheimnis bewusst wahrnimmt.

Weihnachten will uns also keine heile Familie vorspiegeln, sondern es verheißt die Familie, die geheiligt wird, weil sie das Geheimnis Gottes in sich trägt und weil jeder in ihr sein eigenes Geheimnis hat. Nur wer sein eigenes Geheimnis und das Geheimnis seines Ehepartners und seiner Kinder im Herzen bewegt, kann sich in seiner Familie daheim fühlen. Daheim sein kann man nur, wo das Geheimnis wohnt. Weihnachten kann uns eine Ahnung davon geben, dass auch in unserer konkreten Familie das Geheimnis Gottes wohnt.

Was erfreun mich kann und laben ...

Von guten Mächten treu und still umgeben
Dietrich Bonhoeffer

Von guten Mächten treu und still umgeben,
behütet und getröstet wunderbar,
so will ich diese Tage mit euch leben
und mit euch gehen in ein neues Jahr.

Noch will das alte unsre Herzen quälen,
noch drückt uns böser Tage schwere Last.
Ach Herr, gib unsern aufgeschreckten Seelen
das Heil, für das du uns geschaffen hast.

Wenn sich die Stille nun tief um uns breitet,
so lass uns hören jenen vollen Klang
der Welt, die unsichtbar sich um uns weitet,
all deiner Kinder hohen Lobgesang.

Von guten Mächten wunderbar geborgen,
erwarten wir getrost, was kommen mag.
Gott ist bei uns am Abend und am Morgen
und ganz gewiss an jedem neuen Tag.

Anhang

Quellenverzeichnis

Alle Quellentexte sind, wenn nicht anders angegeben, im Verlag Herder, Freiburg im Breisgau, erschienen. © Verlag Herder GmbH, Freiburg im Breisgau

Phil Bosmans, Lichtblicke. Ein gutes Wort für jeden Tag, 2017

Clemens Brentano, Werke, Bd. 1, München, 1968

Hanna Buiting, Schreiben ist Gold. Eine Einladung zu Kreativität und Achtsamkeit, 2022

Anselm Grün, Ein Weihnachtsengel strahlt für dich. Freude für die Adventszeit, 2023

Anselm Grün, Folge dem Stern. Halt und Ruhe finden im Advent, 2022

Tomáš Halík, Das Geheimnis der Weihnacht. Advents- und Weihnachtspredigten voller Hoffnung, 2023

Friedrich Hebbel, Sämtliche Werke. 1. Abteilung, Berlin (1911)

August Heinrich Hoffmann von Fallersleben, Kinderlieder, Hildesheim/New York, 1976

Klosterweihnacht. Rezepte für Leib und Seele, 2022

Susanne Niemeyer, Das Weihnachtsschaf. 24 wunderbare Geschichten, 2020

Anhang

Wolfgang Öxler u. Andrea Göppel, Bleib deiner Sehnsucht auf der Spur. Schatzkarte für die Seele, 2023

Rainer Maria Rilke, Sämtliche Werke, Bd. 1, Frankfurt am Main 1975

Joachim Ringelnatz, Das Gesamtwerk in sieben Bänden, Bd. 1, Zürich, 1994

Christine Schniedermann, Ich würde Jesus meinen Hamster zeigen. Aus dem Glaubensalltag mit unseren Kindern, 2021

Andrea Schwarz, Eigentlich ist Weihnachten ganz anders. Hoffnungstexte, 2021

Andrea Schwarz, Gib dem Engel eine Chance. Gedanken und Geschichten zu Weihnachten, 2019

Pierre Stutz, 50 Rituale für die Seele, 2022

Meinrad Walter, Auf, preiset die Tage! Ein musikalischer Begleiter durch die Advents- und Weihnachtszeit, 2022

Beatrice von Weizsäcker, Vaterunser. Gebet meiner Sehnsucht, 2023

Notker Wolf und Corinna Mühlstedt, Mitten im Leben wird Gott geboren. 24 Impulse zur Weihnachtszeit, 2017

Teresa Zukic, Warm ums Herz. 24 Lichter für Deine Adventszeit, 2022

Textnachweise

S. 14: Rilke, Sämtliche Werke, Bd. 1, 105f

S. 15: Grün, Ein Weihnachtsengel strahlt für dich, 20

S. 17: Halík, Das Geheimnis der Weihnacht 23f

S. 20: Klosterweihnacht, 13

S. 22: Klosterweihnacht, 14–18

S. 25: Schniedermann, Ich würde Jesus meinen Hamster zeigen, 86–89

S. 31: Öxler, Bleib deiner Sehnsucht auf der Spur, 12–14

S. 36: Hebbel, Sämtliche Werke. 1. Abteilung, 285–286

S. 37: Grün, Folge dem Stern, 59

S. 39: Öxler, Bleib deiner Sehnsucht auf der Spur, 59

S. 40: Stutz, 50 Rituale für die Seele, 77f

S. 42: Schwarz, Gib dem Engel eine Chance, 138–140

S. 47: Halík, Das Geheimnis der Weihnacht 42

S. 48: Grün, Folge dem Stern, 46

S. 50: Buiting, Schreiben ist Gold, 140f

S. 54: Öxler, Bleib deiner Sehnsucht auf der Spur, 60

S. 57: Grün, Folge dem Stern, 131f

Anhang

S. 60: Schwarz, Eigentlich ist Weihnachten ganz anders, 86f

S. 64: Öxler, Bleib deiner Sehnsucht auf der Spur, 138f

S. 67: Weizsäcker, Vaterunser, 87f

S. 69: Zukic, Warm ums Herz, 13–15

S. 74: Grün, Ein Weihnachtsengel strahlt für dich, 53

S. 78: Brentano, Werke, Bd. 1, 455

S. 79: Halík, Das Geheimnis der Weihnacht 23f

S. 81: Schwarz, Eigentlich ist Weihnachten ganz anders, 43–46

S. 87: Niemeyer, Das Weihnachtsschaf, 57–62

S. 95: Bosmans, Lichtblicke, 189

S. 96: Halík, Das Geheimnis der Weihnacht 68f

S. 100: Hoffmann von Fallersleben, Kinderlieder, 251

S. 101: Wolf/Mühlstedt, Mitten im Leben wird Gott geboren, 33f

S. 104: Schniedermann, Ich würde Jesus meinen Hamster geben, 74–76

S. 109: Ringelnatz, Das Gesamtwerk in sieben Bänden, Bd. 1, 265

S. 110: Grün, Ein Weihnachtsengel strahlt für dich, 53

S. 112: Aus: Walter, Auf, preiset die Tage, 126

Verzeichnis der Autorinnen und Autoren

Dietrich Bonhoeffer, 1906–1945, ev. Pfarrer und Theologe; Widerstandskämpfer gegen das Hitler-Regime. Weltbekannt sind seine Briefe und Aufzeichnungen aus der Haft »Widerstand und Ergebung«.

Phil Bosmans, 1922–2012, gründete vor über 40 Jahren den »Bund ohne Namen«, der sich in vielen Ländern sozial engagiert. Seine Bücher haben weltweit eine geschätzte Gesamtauflage von etwa zehn Millionen. Seine Werke erscheinen auf Deutsch im Verlag Herder. Zuletzt bei Herder: »Vergiss die Freude nicht« (2019).

Clemens Brentano, 1778–1842, deutscher Dichter.

Hanna Buiting, geb. 1992, ist freie Autorin, Journalistin und Kolumnistin und beschäftigt sich besonders gern mit der Verbindung von Sprache und Spiritualität, Schreiben und Seelsorge. In kreativen Schreibwerkstätten lädt sie Menschen dazu ein, ihrer eigenen Lebensgeschichte Wort für Wort auf die Spur zu kommen. Bei Herder: »Schreiben ist Gold. Eine Einladung zu Kreativität und Achtsamkeit« (2022).

Anselm Grün, geb. 1945, Dr. theol., Benediktiner und Verwalter der Abtei Münsterschwarzach; geistlicher Berater, Begleiter und weltweit populärster christlicher Autor unserer Tage. Seine Bücher zur Spiritualität und Lebenskunst haben Millionenauflagen erreicht. Zuletzt bei Herder u. a.: »50 Engel für die Seele. Begegnungen, die beflügeln« (2023). Im Internet: *www.einfach-leben-brief.de*

Tomáš Halík, geb. 1948, wurde 1978 heimlich zum Priester geweiht und war enger Mitarbeiter von Kardinal Tomášek und Václav Havel. Er ist Professor für Soziologie und Pfarrer der Akademischen Gemeinde Prag. Benedikt XVI. verlieh ihm den Ehrentitel Päpstlicher Prälat. 2010 erhielt er den Romano-Guardini-Preis. 2014 wurde er mit dem Templeton-Preis ausgezeichnet. Zuletzt bei Herder: »Das Geheimnis der Weihnacht. Advents- und Weihnachtspredigten voller Hoffnung« (2023).

Friedrich Hebbel, 1813–1863, deutscher Dichter und Dramatiker.

August Heinrich Hoffmann von Fallersleben, 1798–1894, Literaturwissenschaftler und Dichter, Autor des Textes der späteren deutschen Nationalhymne.

Pater Eugenius Lersch, geb. 1985, ist Magister der Kunstgeschichte und studiert Theologie an der Hochschule Heiligenkreuz, wo er auch als studentische Hilfskraft am Institut für Spirituelle Theologie arbeitet.

Susanne Niemeyer, geb. 1972, ist freie Autorin, Kolumnistin und Bloggerin (*www.freudenwort.de*). Vorher war sie viele Jahre Redakteurin bei »Andere Zeiten«. Auf ihren kreativen Schreibreisen nach Schweden, Mallorca oder in die Alpen sammelt sie neue Ideen und inspiriert andere dazu, eigene Geschichten zu schreiben. Von ihrem Fenster im dritten Stock sieht sie den Hamburger Himmel. Zuletzt bei Herder: »Soviel du brauchst. Sieben Sachen zum besseren Leben« (2021).

Wolfgang Öxler, geb. 1957, ist 1980 in den Benediktinerorden von St. Ottilien eingetreten, seit 1988 Priester und seit 2013 Erzabt von St. Ottilien. Der Leitspruch des Diplomtheologen und Musikers lautet: »Gottesvoll den Menschen nah«. Zuletzt bei Herder zusammen mit Andrea Göppel: »Bleib deiner Sehnsucht auf der Spur. Schatzkarte für die Seele« (2022).

Rainer Maria Rilke, 1875–1926, einer der bedeutendsten deutschsprachigen Dichter des 20. Jahrhunderts. Bei Herder: »Geschichten vom lieben Gott« (2021).

Joachim Ringelnatz, 1883–1934, eigentlich Hans Gustav Bötticher, deutscher Schriftsteller, Kabarettist und Maler, der vor allem für humoristische Gedichte um die Kunstfigur Kuttel Daddeldu bekannt ist.

Christine Schniedermann, geb. 1977 in Bielefeld, wuchs im Münsterland auf, absolvierte die katholische Journalistenschule ifp, arbeitete für verschiedene Zeitungen sowie als Büroleiterin im Bundestag und als Pressesprecherin der Humboldt-Universität zu Berlin. Als freie Journalistin und Autorin lebt sie mit ihrer Familie in München. Bei Herder: »Ich würde Jesus meinen Hamster zeigen. Aus dem Glaubensalltag mit unseren Kindern« (2021).

Andrea Schwarz, geb. 1955, ausgebildete Industriekauffrau und Sozialpädagogin, viele Jahre in der Gemeindearbeit in Viernheim bei Mannheim sowie ehrenamtlich bei Projekten der Mariannhiller Schwestern in Südafrika. Heute als gefragte Referentin, Trainerin und Bibliolog-Ausbilderin tätig. Zahlreiche, sehr erfolgreiche Veröffentlichungen im Verlag Herder. Zuletzt: »Eigentlich ist Weihnachten ganz anders« (2021).

Anhang

Pierre Stutz, Theologe, spiritueller Begleiter, Autor vieler erfolgreicher Bücher zu einer Spiritualität im Alltag, langjährige Erfahrung in Jugendseelsorge und Erwachsenenbildung, Ausbildung im Sozialtherapeutischen Rollenspiel, rege Kurs- und Vortragstätigkeit im ganzen deutschsprachigen Raum, lebt in Osnabrück. Zuletzt bei Herder: »50 Rituale für die Seele« (2022). Im Internet: www.pierrestutz.ch

Beatrice von Weizsäcker, geb. 1958, Dr. jur., ist Juristin und Publizistin. Seit 2003 lebt sie als freie Autorin in München. Sie spricht und schreibt regelmäßig für den Bayerischen Rundfunk und evangelisch.de. Weizsäcker, langjähriges Präsidiumsmitglied des evangelischen und des ökumenischen Kirchentags, trat Anfang 2020 zum katholischen Glauben über. Zuletzt bei Herder: »Vaterunser. Gebet meiner Sehnsucht« (2023).

Notker Wolf, Dr. phil., geb. 1940, seit 1961 Mönch der Benediktinerabtei St. Ottilien, 1977 zum Erzabt gewählt, von 2000 bis 2016 war er als Abtprimas des Benediktinerordens mit Sitz in Rom der höchste Repräsentant von mehr als 800 Klöstern und Abteien weltweit. Zuletzt mit Corinna Mühlstedt bei Herder: »Öffne deine Augen. Jeder kann Mystiker werden« (2021).

Schwester Teresa Zukic, geb. 1964, ist Mitbegründerin der »Kleinen Kommunität der Geschwister Jesu« und eine der bekanntesten Ordensschwestern Deutschlands. Sie ist eine gefragte Rednerin und Autorin von Bestsellern wie »Die Seele braucht mehr als Pflaster« (Herder 2017). Zuletzt bei Herder gemeinsam mit Eva-Maria Popp: »Vergiss das Schöne nicht. Mit Lebensfreude Krisen meistern« (2023).

© Verlag Herder GmbH, Freiburg im Breisgau 2023
Alle Rechte vorbehalten
www.herder.de

Umschlaggestaltung: Verlag Herder
Umschlagmotiv: © cienpies/GettyImages
Vignetten im Innenteil: © jamesjames2541/GettyImages;
© Anatartan/GettyImages
Satz: Carsten Klein, Torgau

Herstellung: CPI books GmbH, Leck
Printed in Germany

ISBN 978-3-451-39610-6

Für einen entspannten Alltag

96 Seiten | Gebunden
ISBN 978-3-451-03432-9

Telefonieren und schnell dabei aufräumen, beim Essen kurz die Mails checken ... Unser Kopf ist immer voll, und unsere To-Dos reißen scheinbar nicht ab. Denn »fertig sein«, das gibt es eigentlich gar nicht mehr. Doch wo es keine natürlichen Grenzen gibt, müssen wir selber welche finden. Achtsame Planung und der richtige Umgang mit unserer Zeit sind die beste Vorbeugung gegen Stress. Kristina Priller zeigt uns einfache Methoden, wie wir unseren eigenen Weg finden können, um mehr Zeit für die uns wichtigen Dinge im Leben zu haben.

In jeder Buchhandlung!

HERDER

www.herder.de

Klostergärten, Kreuzgänge und Stiftsküchen

128 Seiten | Gebunden
ISBN 978-3-451-39042-5

Klöster sind die stillen und geheimen Paradiese unserer Zeit. Hinter ihren ehrwürdigen Mauern verbergen sich wahre Schätze monastischen Lebens. Hier erzählen Nonnen und Mönche von den unterschiedlichen Kraftorten in ihren Klöstern, von ihren Erfahrungen mit Stille und Verbundenheit mit der Schöpfung und von der Heilkraft der Natur. Und sie zeigen ganz konkret, wie man das geheime Wissen, das sich über die Jahrhunderte in den Klöstern angesammelt hat, nutzen kann. Mit Geschichten, Zitaten und Rezepten. Die schönen Fotografien lassen uns eintauchen in eine Welt der Ruhe und der einfachen und unverfälschten Genüsse.

In jeder Buchhandlung!

HERDER

www.herder.de

Auf Spurensuche

180 Seiten | Gebunden
ISBN 978-3-451-03427-5

Dieses Buch macht uns zu Fährtenlesern, die bewusst auf Entdeckungsreise gehen. Wo stehe ich gerade? Bin ich auf der Autobahn in Höchstgeschwindigkeit unterwegs, vielleicht auf der Überholspur? Brauche ich einen Spurwechsel und folge bewusst und intensiv, wenngleich wohl etwas langsamer, einer einzelnen Fußspur – der Leuchtspur Gottes? Wolfgang Öxler erweist sich einmal mehr als inspirierender Wegbegleiter für alle Leserinnen und Leser, die ihrer Sehnsucht nach einem gelingenden Leben auf der Spur bleiben wollen. Andrea Göppel hat die Texte mit wunderbaren Fotografien ausgestattet – ein Buch, wie ein Geschenk.

In jeder Buchhandlung!

HERDER

www.herder.de

Himmlische Helfer

128 Seiten | Gebunden
ISBN 978-3-451-03425-1

Glücklich zu leben ist gar nicht so einfach – und doch unser
großes Ziel. Wie oft machen wir uns Gedanken und damit das
Leben schwer ... Da bräuchten wir einen Helferengel, der uns
zu neuer Leichtigkeit verhilft. Anselm Grün macht uns in diesem Buch mit 33 himmlischen Boten vertraut, die uns zeigen,
dass das einfache Leben uns zur Zufriedenheit führt. Da ist der
Engel des Verzeihens, der Engel, der uns hilft, anzupacken und
die Ärmel hochzukrempeln, aber auch der Engel der Verlang-
samung, der uns zur Pause rät; der Engel, der anderen eine
Grenze zeigt, aber auch der Engel des Nachgebens. Alles hat
seine Zeit. Und jede Zeit, jede Lebensphase hält einen Engel
für uns bereit.

In jeder Buchhandlung!

HERDER

www.herder.de